# BREVE HISTORIA DEL ESPIONAJE

# BREVE HISTORIA DEL

## ESPIONAJE

Juan Carlos Herrera Hermosilla

nowtilus

Colección: Breve Historia
www.brevehistoria.com

Título: Breve historia del espionaje
Autor: © Juan Carlos Herrera Hermosilla
Director de la colección: José Luis Ibáñez Salas

Copyright de la presente edición: © 2012 Ediciones Nowtilus, S.L.
Doña Juana I de Castilla 44, 3º C, 28027 Madrid
www.nowtilus.com

ISBN-13: 978-84-9967-315-8
Fecha de edición: Abril 2012

Impreso en España
Imprime:
Depósito legal: M-6605-2012

Para mi familia y para mis amigos,
que son el verdadero motor de mi vida.

# Índice

# Introducción

Pocas actividades humanas causan sentimientos tan encontrados como el espionaje. Por un lado, es secular el rechazo al individuo que ha de traicionar a aquellos que confían en él, al propagar sus secretos; por otro, es inmensa la fascinación que siente el ser humano por las hazañas de los espías, de los agentes dobles, por el riesgo que corren esos hombres y mujeres no frente al enemigo, sino junto a él. Desde las primeras guerras, los teóricos del arte militar, los generales, en fin, todo aquel que ostentaba el poder era consciente de la importancia de saber «lo que hay detrás de la colina», tal como definía el duque de Wellington la inteligencia militar, es decir, saber todo lo relacionado con el enemigo, cuáles eran sus posiciones, sus recursos humanos, su intendencia, sus armas, cómo pensaba su Estado Mayor. Para ello era crucial la figura de un elemento muy importante en el devenir de la historia: el espía.

Su figura ha sido tantas veces vituperada como distorsionada por la visión romántica que de ellos ha dado el mundo del cine y la literatura. Por lo tanto no es baladí preguntarnos qué es un espía, quiénes son esas personas que a menudo han medrado durante la guerra, al igual que en los tiempos de paz; que han traicionado naciones y han salvado otras; que para unos son héroes, pero para otros son villanos, que son a la vez admirados y odiados. Según el *Glosario de Inteligencia,* coordinado por Miguel Ángel Esteban Navarro y editado por el Ministerio de Defensa de España en 2007, un espía es aquella «persona que por encargo de alguien, sea un servicio de inteligencia o no, se dedica a obtener información de un tercero, de manera clandestina, con engaño y sin autorización de este último». A menudo se equipara al espía con el agente secreto, ya que la definición previa puede incluir a ambas figuras; sin embargo, hay entre ellos dos diferencias fundamentales, puesto que, en primer lugar, el agente secreto es un profesional de la búsqueda de la información clandestina y, en segundo lugar, siempre opera para un organismo de inteligencia.

Este último término, debido a su carácter polisémico por la cantidad de significados que abarca, encierra también cierta dificultad a la hora de definirlo. Por «inteligencia» se puede entender en el contexto de este libro la obtención y el análisis de la información recabada para una ulterior toma de decisiones. Cuando en el año 2002 se creó en España el Centro Nacional de Inteligencia (CNI), que sustituyó al Centro Superior de Información para la Defensa (CSID), se pudo ver cómo el mismo cambio en la denominación de la institución, convirtiendo el término «información» en el de «inteligencia», conllevaba una transformación muy profunda, puesto que en el nuevo organismo se primaba el concepto de interpretación de la información, frente al simple hecho de recolección. El propio CNI explica el llamado *Ciclo de inteligencia* como el proceso por el que la información se transforma en inteligencia para ponerse a disposición de los organismos competentes. Este ciclo consta de cuatro fases; en primer lugar, se compone de la dirección, que es el órgano en el que se determinan las necesidades de inteligencia; en segundo lugar, la obtención, proceso que consiste no sólo en la recolección de información, sino también en su entrega a los equipos de elaboración para la creación de inteligencia; en tercer lugar, la elaboración, en la que se produce la transformación de la información en inteligencia tras pasar, a su vez, por cuatro fases: la valoración, el análisis, la integración de la información con la inteligencia disponible y la interpretación del conjunto; y, por último, la fase final es la difusión, en la que se efectúa la distribución segura de la inteligencia a aquellos que la necesitan.

Como podemos comprobar, esta cultura de inteligencia supone una labor de altísima especialización por parte de los agentes secretos, cuyo desempeño ha llegado incluso a cambiar la historia. Han cumplido sus misiones con tanta eficiencia como los reputados mariscales o generales que, provistos de la información aportada por estos hombres y mujeres que muchas veces fueron personajes anónimos en el teatro de la guerra, consiguieron victorias cruciales a lo largo de los tiempos.

No obstante, por retomar el arranque de esta introducción, a veces la labor del espía o agente secreto ha sido con toda justicia vituperada porque ha llegado a acciones ruines y claramente carentes de toda moralidad. Un caso paradigmático de lo que llevamos dicho es el que protagonizaron en la antigua República Democrática Alemana (RDA), la Alemania del Este de la Guerra Fría, Vera Lengsfeld y su ex marido, el poeta alemán Knud Wollenberger. Cuando en 1991, Lengsfeld tuvo acceso a los archivos de la policía secreta de la RDA, la temible *Stasi,* y consultó la documentación que sobre ella se guardaba en ellos, se enteró de que, durante el tiempo que estuvieron casados y tuvieron sus dos hijos, Wollenberger había estado espiándola porque, en realidad, era un informador de la policía secreta de la Alemania del Este cuyo nombre en clave era «Donald». Su matrimonio había sido en puridad una misión que le habían encomendado los mandos de la *Stasi*. Durante la Guerra Fría así llegaron a actuar los espías, para quienes la información secreta bien valía traicionar un amor.

Escritores, profesores, viajeros, aventureros, criadas, mayordomos, sacerdotes, arqueólogos, mercaderes, hombres de negocios, periodistas… La nómina de profesiones a las que han pertenecido los hombres y las mujeres que han actuado como espías, pero que no eran agentes profesionales, es casi tan extensa como el número de oficios que existen. Todos ellos, profesionales o no, han sido, son y serán piezas fundamentales en el devenir de la historia.

# 1

# El espionaje en la antigüedad

## ORÍGENES DEL ESPIONAJE

El espionaje es tan antiguo como la guerra y, por lo tanto, podemos decir que sus orígenes se remontan a la propia historia del hombre. Sin embargo, al contrario de lo que ocurre con la historia de la guerra, apenas encontramos testimonios de las más antiguas actividades de espionaje en el mundo, debido a su propia naturaleza secreta. Aun así, no es descabellado pensar que en las primeras evidencias de enfrentamientos entre humanos como, por ejemplo, los de los pueblos neolíticos del asentamiento de Talheim, en lo que es hoy el estado alemán de Baden-Württemberg, o los representados en Abrigo de Les Dogues, en la provincia española de Castellón, hubiera un reconocimiento de la zona y de sus habitantes previo al ataque por parte de los asaltantes, lo que facilitaría el ataque relámpago. La masacre que se produjo en Asparn-Scheltz, en la actual Austria, hacia el 5000 a. C., muestra una matanza que podría calificarse de «selectiva», porque de entre los sesenta y siete individuos que han salido a la luz en las excavaciones, sólo cuatro cuerpos corresponden a mujeres jóvenes. Esto podría ser un indicio de que se realizó un *raid* o incursión rápida con el fin de raptar a las mujeres, lo cual demostraría, a su vez, que la tribu asaltante conocía de antemano la estructura social del poblado enemigo.

No obstante, sólo podemos tener constancia de la utilización de la inteligencia y de la información proporcionada por el espionaje en época histórica, en la que los testimonios han perdurado hasta nosotros mediante la escritura.

Las primeras manifestaciones de la utilización de los servicios de inteligencia y de espionaje los encontramos en Mesopotamia en el III milenio a. C., cuando Sargón I de Acad se hizo con el poder, reuniendo bajo su cetro un imperio que abarcaba desde las costas de Siria hasta el sur del actual Irán. Así, su dominio se extendía desde el Golfo Pérsico al Mediterráneo; había creado el Imperio acadio. Para su formación, Sargón I era consciente de la necesidad de información, de inteligencia, más allá de las tierras de Acad. Por ello se sirvió de espías que lo informaban puntualmente, a modo de exploradores, de las características de las tierras que se disponía a conquistar. Una tablilla en acadio, datada hacia el 2210 a. C. y escrita con caracteres cuneiformes, nos muestra cómo el rey de Acad utilizó mercaderes, verdaderos espías durmientes del imperio, para que lo informaran sobre las regiones que planeaba dominar y así proveerle de inteligencia con la que planificar adecuadamente la marcha de sus ejércitos.

Sargón I, en acadio Sharrum-kin, (2334 a. C-2279 a. C.)
fue el primer rey del que tenemos constancia que llegó a
formar un imperio. La leyenda de su origen es paralela a la
de otro conductor de pueblos de la Antigüedad, Moisés,
ya que ambos fueron rescatados al nacer de las aguas de un
río, y ninguno de los dos dudó en utilizar el espionaje para
conseguir sus objetivos. Máscara de Sargón, 2250 a. C.
Museo Nacional de Irak, Bagdad.

Incluso en la mitología sumeria, especialmente en el poema épico de Ninurta, hacia el 2200 a. C., se hace mención al espionaje. Dicho dios guerrero tiene un atributo que le sirve como si fuera sus ojos y su fuente de información: su maza Sharur, que es descrita como un ser vivo que espía para él y le aconseja. Aun moviéndonos en el plano mitológico, este poema puede entenderse como una demostración del uso del espionaje en el engranaje y la táctica militar de la antigua Mesopotamia. Sharur podría ser, sin duda, el símbolo mítico de una fuerza de exploradores, cuyo cometido sería servir de espías del rey.

Ninurta, el dios acadio asociado al planeta Saturno, aparece normalmente representado como una deidad guerrera, entre cuyas armas destacan el arco y la maza Sharur, que le servía para recabar información sobre sus enemigos, actuando como un espía para él. Bajorrelieve en alabastro de Ninurta persiguiendo al demonio Anzu, 865 a. C.-860 a. C. Museo Británico, Londres.

Estas epopeyas mitológicas mesopotámicas se enmarcan totalmente en el trasfondo religioso que tenía la guerra en la Antigüedad. Efectivamente, la victoria entre dos ejércitos contendientes dependía en gran manera de la victoria de los dioses de una nación sobre los de la enemiga. Por ello era fundamental que, antes de entrar en combate, la suerte de la guerra se dejara en manos de los sacerdotes que servían como adivinos. Estos, mediante oráculos y profecías, auguraban el devenir del enfrentamiento. A su vez, en Mesopotamia lideraban las tropas y frecuentemente actuaban como espías al enviar detallados informes sobre asuntos políticos y militares al rey, como, por ejemplo, el hecho de que el enemigo estuviese reclutando guardias de fronteras, elegidos de entre las tropas de élite, o tropas auxiliares para preparar la guerra.

En el año 1930, arqueólogos franceses descubrieron en la ciudad siria de Mari, actual Tell Hariri, más de veinticinco mil tablillas escritas en acadio, la mayoría datadas entre los años 1800-1750 a. C., poco antes de que la ciudad fuera destruida por Hammurabi, el sexto rey de Babilonia. Cubren, pues, uno de los períodos más activos e importantes desde el punto de vista militar de la historia de Mesopotamia. El archivo de Mari incluye en su mayor parte las cartas que le fueron enviadas al rey de dicha ciudad, Zimri-Lim, por sus comandantes. Estas contienen importantes informes sobre aspectos militares tales como las listas de las tropas, los desertores, las bajas, la solicitud de órdenes concernientes a los asentamientos, a sus reemplazos, o a las tropas mercenarias bajo las órdenes del rey. Dentro de esta organización se hace mención por primera vez a los soldados dedicados a la exploración, que conformarían un verdadero cuerpo de espías militares, conocido como *skabum*. Esto demuestra la importancia del reconocimiento del terreno (es decir, saber qué hay más allá de la colina) por parte de los antiguos ejércitos. Los exploradores y los espías son mencionados frecuentemente en los archivos de Mari. De ellos se dice que espían y observan los movimientos del enemigo. Cuando se actuaba en terrenos desconocidos, se utilizaban como rastreadores y guías a los propios habitantes de dichas zonas. También se enviaban espías a los campamentos enemigos durante los asedios para que descubrieran sus planes y los transmitieran puntualmente a los mandos mediante frecuentes despachos. Estos agentes son mencionados habitualmente como los «ojos» y los «oídos» del rey, mientras que los informadores enemigos eran llamados las «lenguas».

Los espías a las órdenes de Hammurabi, el que fuera rey de Babilonia entre 1792 y 1750 a. C., intentaban conseguir dicha información infiltrándose en el ejército de Zimri-Lim y así minar los planes de sus comandantes. Un informe de los archivos de Mari menciona el descubrimiento de espías en la corte de Zimri-Lim que habían estado enviando información al enemigo. En otra tablilla se informa de que se desbarataron los planes de ataque de una fuerza mariota de tres mil hombres que pretendía atacar la ciudad de Eshnunna, en el actual Irak, debido a que un espía del ejército enemigo reveló estos planes y el grueso del ejército tuvo que regresar sin conseguir su objetivo.

La antigua Babilonia también vivió un período de complicadas intrigas diplomáticas. Muchos reyes mantenían embajadores permanentes en las cortes rivales. Estos funcionarios, tal como ha ocurrido a lo largo de toda la historia de la diplomacia, sirvieron como espías. Por ejemplo, Zimri-Lim mantuvo a dos embajadores espías en la corte de Hammurabi, de los cuales incluso conocemos el nombre: Ibalpiel e Ibalel, que quizá sean los dos primeros espías identificados de la historia de la inteligencia. Estos agentes se utilizaban para recabar información sobre los planes militares de Hammurabi que posteriormente era transmitida a través de la correspondencia con su rey.

Tampoco fue ajeno a las actividades de espionaje otro de los grandes imperios de la Antigüedad: Egipto.

Senusert I, o Sesostris I, llegó al poder en Egipto tras el complot que acabó con la vida de su padre, el faraón Amenemhat I. Para él trabajó como espía el verdadero Sinuhé el Egipcio. Estatua de Sesostris I, 1956 a. C.- 910 a. C. Museo de Luxor, Egipto.

Esta gran civilización de las orillas del Nilo conoció las intrigas palaciegas, los complots que se orquestaban alrededor del faraón y que en algunos casos llegaron al regicidio, tal como ocurrió con la muerte de Amenemhat I, en el año 1947 a. C.

Las fuentes de información y los servicios de inteligencia no funcionaron siempre correctamente en el Antiguo Egipto. Durante el reinado de Ramsés II, en el siglo XIII a. C., un imperio se alzaba como su oponente más poderoso: el Imperio hitita de Muwatallis. Estos dos colosos se disputaban el Oriente Próximo. Ramsés II deseaba apoderarse de la ciudad de Qadesh, actual Kinza, en Siria, en aquellos momentos en manos de los hititas. Esta ciudad era la llave de una importante región estratégica. Debido a esto, para el faraón egipcio era primordial dominar Qadesh. La batalla se libró el año 1247 a. C. Además de la importancia de las fuerzas concentradas para la confrontación, fue capital en el desenlace del combate la acción del espionaje. Una vez entabladas las hostilidades, las tropas egipcias capturaron a dos beduinos que fueron interrogados por el propio faraón. Estos declararon que el grueso de la tropa de Muwatallis no se encontraba en la llanura de Qadesh, como creía el Alto Mando egipcio, sino en Khaleb, una localidad situada al norte de Tunip, en la región de Alepo. Sin embargo, estos dos beduinos eran en realidad dos espías instruidos por el ejército hitita para llevar a cabo una maniobra de inteligencia sorprendente, puesto que dieron una información falsa; es decir, eran dos agentes cuya misión era contaminar al ejército egipcio con inteligencia falsa. Las declaraciones de los dos beduinos no fueron comprobadas por los servicios del faraón y este dio la orden de que marchara contra Qadesh la división Amón. En las cercanías de la muralla asentó su campamento. Posteriormente el faraón descubrió que los beduinos eran agentes de los hititas que habían sido enviados para espiar al faraón. Por fin confesaron que las tropas de Muwatallis estaban tras la muralla de la antigua Qadesh. Este error supuso un primer ataque sorpresa de los carros hititas, que arrasaron la división de Ra al acudir esta en ayuda de la solitaria división comandada por el propio faraón. El combate continuó durante once días. La victoria, a pesar de que Ramsés se apropió de ella, no quedó clara; el faraón egipcio no consiguió apoderarse de la tan ansiada Qadesh. Quizá el soberano hitita tomó la iniciativa del armisticio instigado por los informes sobre la crueldad del faraón que le dieron sus comandantes cuando fueron liberados, tras ser obligados a ver la dura represalia que tomó Ramsés mismo contra sus propias tropas al ejecutar al décimo soldado de cada fila en formación.

Aunque la utilización de la inteligencia militar se dio en todas las civilizaciones antiguas, será en el Imperio chino donde encontremos el primer tratado militar en el que se hace referencia al espionaje: el *Arte de la guerra,* de Sun Tzu. Considerado tradicionalmente como un general que sirvió bajo el reinado de King Helu, hacia el año 512 a. C., las experiencias de Sun Tzu al servicio de su señor le sirvieron para componer su tratado. En el capítulo XIII expone la importancia que tiene el conocimiento, la información y la inteligencia por parte de un jefe militar antes de entrar en combate. Sun Tzu parte de premisas realistas a la hora de establecer de dónde tiene que partir la información: no se puede obtener ni «de fantasmas ni espíritus», es decir, el teorizador chino rompe con la tradición militar de las civilizaciones mesopotámica y egipcia, cuyos ejércitos, antes de entrar en combate, consultaban la viabilidad o no de ir a la guerra. Sun Tzu fundamenta la obtención de información en el factor humano. Para ello un buen jefe militar debe tener a su disposición cinco clases de

La crueldad con la que trataba el faraón Ramsés II no sólo a sus prisioneros, sino incluso a sus propias tropas, consiguió influir tanto en el ánimo de sus enemigos, que forzó el armisticio en la batalla de Qadesh. Relieve de Ramsés II matando a sus prisioneros, en el templo de Abu Simbel, construido tras la batalla de Qadesh en 1274 a. C.

espías: el espía nativo, contratado entre los habitantes de una población; el espía interno, captado entre los funcionarios enemigos; el agente doble, atraído entre los espías enemigos mediante sobornos tras inducirlo a que colabore con el propio bando espiado en principio por él; el espía liquidable, el que debe contaminar la información del enemigo con datos e informes falsos; y, por último, el espía flotante, encargado de transmitir los informes. Sólo con esta inteligencia, según Sun Tzu, se puede alcanzar la victoria, ya que hay que conocer previamente al enemigo antes de poder vencerlo.

Sin duda, Sun Tzu es el teorizador del arte de la guerra y de la inteligencia aplicada al combate que más importancia ha tenido en la posteridad, sin embargo, no es el único gran pensador sobre el espionaje que ha dado la Antigüedad.

Las teorías de Sun Tzu acerca del espionaje han influido en personajes tan dispares como el dirigente chino Mao Tse-Tung o el general estadounidense Norman Schwarzkopft, que utilizó las técnicas de decepción y espionaje prescritas por Sun Tzu en la I Guerra del Golfo. Estatua de Sun Tzu en Yurihama, Japón.

En la antigua India, tras la muerte de Alejandro Magno en el 323 a. C., el rey indio Chandragupta Maurya (c. 317-293 a. C.) empezó la conquista de tan vasto territorio deteniendo, a su vez, el avance de los invasores griegos. A su lado tenía a uno de los más grandes estrategas de la Antigüedad, su consejero Chanakya, también llamado Kautilya. Éste, conocido como «el Maquiavelo de la India», plasmó sus ideas sobre el buen gobierno en un tratado titulado *Arthasastra*. En él establece el espionaje como un elemento imprescindible para el poder, no como elemento de opresión, sino como una de sus herramientas. Para ello propugna la creación de toda una red de espías en los diversos estratos de la población, desde un mercader que pueda obtener información al vender sus productos en el mercado o a particulares, hasta «un hombre de cabeza rapada o de pelo trenzado bajo la apariencia de un asceta que practique la austeridad», ya que puede rodearse de un grupo de seguidores que le sirva como su propia red de espías. Capital importancia da el tratadista hindú a la mujer también como agente de inteligencia, sobre todo, a las de la casta superior o brahmán, porque podían servir al rey al espiar incluso a sus propios ministros, a los sacerdotes, a los comandantes del ejército e incluso al heredero al trono. Un papel relevante dentro del sabotaje y la conspiración tienen también los envenenadores, tanto los preparadores de salsas como los encargados de la higiene del rey o los simples aguadores. Por ello, Chanakya recomienda que en la corte, junto al rey, siempre haya un catador. Asimismo, prescribe que se ha de atraer a los partidarios y a los detractores del enemigo para que espíen a favor del rey. De la misma manera, Chanakya pone muy de relieve el papel de la diplomacia como herramienta de la inteligencia, ya que el rey ha de utilizar a sus embajadores tanto para proveerse de información como para protegerse de los espías de los demás reinos.

Chanakya, también conocido como Kautilya, ayudó a Chandragupta a sentar las bases del Imperio Maurya, sirviendo a su rey como consejero. Tras abandonar al último rey hindú de la dinastía Nanda, Dhana Nanda, Chanakya consiguió mediante sobornos ganarse al consejero del rey para que pasara al bando de Chandragupta.

## El espionaje en la Biblia

Sin embargo, los primeros testimonios escritos que de manera explícita nos hablan de la utilización de espías para los más diversos fines los encontramos en la Biblia.

Cuando volvieron los doce espías que Moisés envió a la tierra de Canaán, le dieron el informe de su exploración y además llevaron una rama con un racimo de uvas; por eso a aquel lugar lo llamaron arroyo de *Escol,* que significa 'racimo' en la lengua hebrea. Giovanni Lanfranco, *Moisés y los mensajeros de Canaán,* 1621. J. Paul Getty Museum, Los Ángeles, EE. UU.

Los israelitas, conducidos por Moisés, tras dejar el desierto del Sinaí llegaron al desierto de Farán. Allí Yavé le dijo a Moisés que enviara a un príncipe de cada una de las doce tribus para explorar la tierra de Canaán.

Su misión era informarse acerca de cómo era la tierra, qué pueblo la habitaba, si era fuerte o débil; tenían que comprobar si sus ciudades estaban amuralladas o si eran abiertas, si el suelo era fértil o pobre, con árboles o sin ellos. Por último se les mandó que trajeran algunos frutos de dicha tierra. A los cuarenta días estaban de vuelta e hicieron una narración detallada de todo lo que habían visto. En este relato les hicieron saber que el pueblo que habitaba la tierra de Canaán era poderoso y que las ciudades en las que vivía eran fuertes y grandes.

El episodio de *Rahab y los espías de Josué* demuestra cómo en la guerra antigua los distintos bandos en litigio utilizaban a los espías. En este caso, por un lado nos encontramos con los dos agentes enviados por Josué y la mujer que los ayuda, Rahab; por otro, los soldados que fueron a buscarlos a la casa de la prostituta, obviamente, avisados por informadores. Anónimo de la escuela italiana, *Rahab y los espías de Josué*, siglo XVII. Museo de Bellas Artes, Nimes, Francia.

Asimismo, les informaron de los pueblos que habitaban esas regiones. Este episodio de Números 13, 1-26 es el primer caso de espionaje en la historia de la humanidad del que se conserva un testimonio con la información recabada por los exploradores espías.

Josué, el sucesor de Moisés para regir los designios del pueblo de Israel, utilizó el espionaje de la misma manera que lo hizo su antecesor. Cuando estaba en Sitim envió dos agentes para que espiaran en la tierra de Jericó, antes de penetrar en la ciudad, hacia el 1450 a. C. Estos dos espías se alojaron en casa de una cortesana cananea llamada Rahab. El rey de Jericó, al conocer la existencia de los dos espías, pues él también tendría su propio servicio de información, se personó en casa de Rahab exigiéndole que hiciera salir a los dos espías que habían llegado para explorar todo el país. Sin embargo, ella los escondió en el terrado de su casa. Cuando se hubieron ido los hombres del rey, los espías se escaparon de Jericó, deslizándose por una cuerda que les había tendido.

También en las Sagradas Escrituras encontramos a la primera Mata Hari, en la historia de Sansón y Dalila, narrada en Jueces 16, 4-20, de hacia el siglo xi a. C. Sansón se enamoró perdidamente de una mujer filistea: Dalila. Temiéndole por su fuerza, y ante el deseo de vencerlo, los príncipes filisteos convencieron a Dalila para que sedujera a Sansón a cambio de una cantidad de dinero que ascendía a mil siclos de plata cada uno. Ella accedió. Intentó sonsacarle de dónde le venía esa fuerza sobrenatural, al principio vanamente, pero, ante el apremio de su amada, Sansón le confesó que su fuerza provenía de su melena. Esa misma noche, Dalila durmió a Sansón sobre sus piernas e hizo que un hombre le rasurara las siete trenzas de su cabeza. Así pudieron los filisteos apresarlo, arrancarle los ojos y llevarlo a Gaza, donde lo encarcelaron.

A lo largo de la historia, el papel de la mujer como agente de inteligencia e información ha sido fundamental. El caso de Sansón y Dalila es un paradigma de ello. Jan Steen, Sansón y Dalila, 1668, County Museum of Arts, Los Angeles, EE. UU.

Parejo al caso de Dalila es el de Judit, tal como se relata en el libro deuterocanónico homónimo. Esta, viuda de extraordinaria belleza, utilizó una treta propia de la guerra solapada para acabar con el asedio de Betulia por las tropas de Holofernes. Judit convenció a los jefes de dicha ciudad de que le permitieran presentarse junto con su doncella en el campamento de Holofernes, con el propósito engañoso de darle información falsa con la que apoderarse de la ciudad. Holofernes la acogió hospitalariamente. Al cuarto día éste ofreció un banquete al que invitó a Judit. Cuando la mujer se presentó ante Holofernes, este se sintió hondamente atraído por ella.

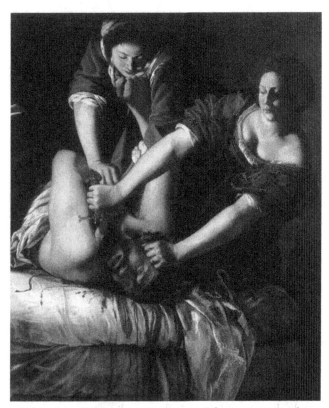

Judit es un modelo de espía por su sacrificio, entrega y valor. Con su acción al decapitar a Holofernes, dio la victoria a los hebreos frente a los asirios, los cuales huyeron ante la muerte de su rey. Artemisia Gentileschi, *Judit y Holofernes*, h. 1620. Museo Capodimonte, Nápoles.

Judit hizo que su enemigo bebiera hasta caer ebrio. Cuando se hizo tarde, el séquito de Holofernes se retiró dejando solos a la hebrea y al rey. Judit aprovechó ese momento para cercenar la cabeza de Holofernes de dos certeros tajos.

La doncella la metió en las alforjas de las provisiones y escaparon a la hora de la oración hacia la ciudad de Betulia. Allí les dijo a los hebreos que pusieran la cabeza de Holofernes en lo alto de la muralla. Al descubrir los asirios que los hebreos los atacaban y que el cuerpo de Holofernes yacía decapitado en su tienda, huyeron a la desbandada.

También David, el rey de Judá y de Israel, utilizó el espionaje para reprimir la sublevación de su hijo Absalón, haciendo que un servidor suyo, Cusaí, entrara en la ciudad de Jerusalén y se ofreciera al rey sublevado como su siervo. De esta manera podría enterarse de todo lo que se dijera en la corte enemiga y transmitírselo a los sacerdotes encargados de enviar las informaciones a David. Como podemos observar, el rey israelita formó una red de espionaje a pequeña escala que funcionó a la perfección.

No obstante, no sólo encontramos ejemplos bíblicos de espionaje en el Antiguo Testamento, sino que también el Nuevo Testamento ofrece estas prácticas de información. Según san Marcos, Jesús es sometido a vigilancia por espías, fariseos y herodianos, enviados por los sacerdotes para «sorprenderle en alguna palabra», tal como ocurrió en el pasaje del tributo al César, con el fin de poder acusarlo y arrestarlo.

Esta vigilancia que sufrió el mismo Jesús, la padecerán también sus discípulos tras su muerte, tal y como lo demuestra el pasaje de Gálatas, 2, 4, en el que Pablo confirma la existencia de falsos hermanos dentro de los primeros cristianos, cuya única misión era espiar las actividades de los seguidores de Cristo.

## EL ESPIONAJE EN GRECIA

Como hemos visto anteriormente en el caso de Josué y la toma de Jericó, el espionaje está ligado íntimamente a la guerra. En el mundo griego no podía ser de otra manera. Ya en la primera epopeya de la literatura occidental, la *Ilíada,* se hace mención del espionaje utilizado en la guerra de Troya. En el libro x de dicho poema épico, Néstor solicita que algún héroe penetre en campo enemigo para capturar a algún miembro del ejército troyano y así averiguar los planes de los teucros. Diomedes y Ulises se presentaron como voluntarios para tal misión. Por su parte, en el campamento troyano hubo otra escena similar. Héctor, el príncipe heredero de Troya, le pide a Dolón, uno de sus principales guerreros, que se dirija hacia las naves enemigas a recabar información. Los dos aqueos divisaron al espía troyano, lo persiguieron y lo capturaron. Inmediatamente lo interrogaron. Él les informó de la disposición de los distintos ejércitos que conformaban la liga troyana. Tras darles la información, Dolón les suplicó por su vida, pero Diomedes lo ejecutó cortándole la cabeza para evitar que pudiera, en un futuro, servir de espía para su rey.

La historiografía griega nos revela abundantes ejemplos del empleo de espías en el mundo antiguo. Heródoto de Halicarnaso en sus *Nueve libros de la Historia* nos relata cómo el rey persa Cambises, en el siglo vi a. C., envió tres expediciones, una contra los cartagineses, otra contra los amonios y una tercera contra los etíopes macrobios (o «de larga vida»). Contra estos últimos decidió enviar espías para que de antemano se informaran acerca del Estado de Etiopía y para que recabaran datos sobre la «mesa del sol» que, según se pensaba, era una reliquia que se encontraba en alguna ciudad de Etiopía. Asimismo, los embajadores enviados por Cambises al rey de los ictiófagos, habitantes de la isla de Elefantina en Egipto, fueron tratados por este como verdaderos espías. Heródoto también nos da cumplida cuenta del empleo de espías por parte del rey persa Jerjes

Dentro de la cultura occidental, los primeros testimonios de espionaje los encontramos en los textos homéricos, donde los héroes se presentan en diversas ocasiones como verdaderos espías; tal es el caso de Diomedes, Ulises y el troyano Dolón. Crátera del siglo v a. C. que muestra el asesinato de Dolón por parte de Diomedes. Museo Británico, Londres.

para informarle del número de griegos que componían la fuerza con la que iba a enfrentarse en las Termópilas en el año 480 a. C. Uno de estos espías le describió a Jerjes la fuerza observada por él, que estaba compuesta por los famosos espartanos de Leónidas. Previamente, Jerjes había realizado una asombrosa maniobra de inteligencia militar que demostraba el alcance al que llegaba el Imperio persa en cuestión de espionaje. Los griegos habían enviado a tres exploradores para que espiaran el campamento de Jerjes, pero fueron capturados y condenados a muerte por los generales persas. Sin embargo, el rey se enteró de dicho encarcelamiento y de la sentencia e intercedió por los espías. Este les permitió que paseasen libremente por el campamento junto a sus guardianes, observando todo lo que desearan; una vez hecha la inspección, Jerjes finalmente los liberó. El rey persa explicó su extraña conducta señalando que su objetivo era que el enemigo se enterase del poderío de su ejército para desmoralizarlo y así conseguir que los griegos cedieran a sus pretensiones imperialistas.

Alejandro III de Macedonia, conocido como Alejandro Magno, fue uno de los más grandes estrategas no sólo de la Antigüedad, sino de toda la historia de la guerra. Como tal le dio gran importancia al espionaje, así como su principal oponente, el rey persa Darío III. Para entrar en combate en Gaugamela, el 1 de octubre de 331 a. C., el ejército de Alejandro se dirigió a marchas forzadas hasta el campo de batalla y situó su campamento a cinco kilómetros del asentamiento de Darío. Como Alejandro sabía que entre sus tropas había espías del rey persa, hizo correr el rumor de que el ataque lo realizaría esa misma noche. Esta información no tardó en ser recibida en el campamento persa. Darío ordenó que sus tropas estuvieran en alerta toda la noche esperando el ataque de los macedonios. Sin embargo, Alejandro no entró en combate, sino que esperó y así sus tropas descansaron, al contrario que los persas. Pero el emperador macedonio no sólo espiaba a sus enemigos, sino también a sus propios hombres. Para conocer las intenciones y los pensamientos de sus propios generales, Alejandro los convenció para que escribieran a sus personas queridas después de tanto tiempo como llevaban lejos de sus hogares. Sus jefes así lo hicieron; los mensajeros de Alejandro, famosos por su rapidez como correos, se encargaron de las misivas, pero por orden de Alejandro no las llevaron a sus destinos. El emperador macedonio había ordenado que se las entregaran a él personalmente para recabar la información sobre sus mandos castrenses antes mencionada.

Por otra parte, los griegos sabían que tan importante es, mediante el espionaje, obtener información del enemigo, como poder transmitir órdenes de una manera segura, de tal forma que si la comunicación fuera interceptada por un posible enemigo, éste no pudiera conseguir la información. Para ello, desde la Antigüedad, los ejércitos han intentado ocultar de una manera u otra sus mensajes. Unas veces se ocultaba directa y simplemente el mensaje. Tal es el caso que relata el ya mencionado padre de la Historia, Heródoto. Demarato de Esparta, un griego exiliado, en el año 480 a. C. observó el enorme desarrollo de los efectivos que estaba reuniendo el rey Jerjes. A pesar de su castigo, aún sentía cierto patriotismo y lealtad hacia Grecia, por ello decidió advertir a sus compatriotas del plan de invasión del soberano persa. Para evitar que la comunicación fuera descubierta, Demarato tomó un cuadernillo de dos tablillas, quitó la cera que las cubría y en la misma madera grabó con letras la decisión del rey. Hecho esto, volvió a cubrir con cera las letras grabadas para que el portador de las tablillas, al estar estas aparentemente en blanco, no fuera molestado por los guardias de los caminos. Cuando llegó el correo a Lacedemonia, nadie pudo entender el mensaje, excepto la reina Gorgo, la esposa de Leónidas, que les sugirió que rayaran la cera; de ese modo consiguieron leer el mensaje y enviarlo al resto de los griegos.

Esta estratagema se basaba simplemente en la ocultación del mensaje, pero no es, ni mucho menos, el único caso que nos ha llegado de la Antigüedad. El mismo Heródoto (V, 35) narra la historia de Histieo, el cual quiso enviar un mensaje a Aristágoras de Mileto con el fin de que éste se sublevase contra el rey de Persia. Como estrategia para que no fuese interceptado el mensaje, ideó escribirlo en la cabeza afeitada de un mensajero, su sirviente de mayor confianza. Después esperó a que le volviera a crecer el pelo, y una vez así oculto el mensaje lo envió a Mileto. Al llegar a su destino, se realizó el proceso contrario: se afeitó la cabeza del sirviente y se desveló el mensaje de Histieo.

Esta comunicación secreta mediante formas de ocultación del mensaje se denomina esteganografía. Sin embargo, en estas ocasiones siempre está presente la posibilidad de que el enemigo intercepte el mensaje y haga suya la información. Para evitar esto, desde la Antigüedad se ha utilizado la criptografía, es decir, la codificación de un texto (llamado «llano»), mediante un código secreto, que tiene como resultado un nuevo texto, el codificado. El objetivo de la criptografía no es ocultar el mensaje, sino ocultar su significado siguiendo un protocolo establecido mediante el cual el emisor y el destinatario comparten un código conjunto que permite hacer comprensible la información. Si el enemigo intercepta la comunicación sólo encuentra un mensaje ilegible.

Uno de los primeros ejemplos de códigos criptográficos de los que tenemos conocimiento en la Antigüedad es el escítalo o escítala espartana.

Según el testimonio del historiador griego Plutarco en su biografía sobre el almirante espartano Lisandro, cuando los éforos de Esparta mandaban a los generales espartanos alguna orden, cortaban dos trozos de madera redondos con el mismo diámetro y grosor, de manera que los cortes coincidieran perfectamente entre sí. Después enroscaban una cinta de cuero en la que escribían el mensaje longitudinalmente, de tal manera que al desenroscarla el texto fuera ilegible, porque no tenía sentido; esta cinta de cuero se la entregaban al mensajero, que podía llevarla oculta o como cinturón. Una vez que el emisario llegaba junto al destinatario, este enrollaba la cinta en un escítalo o escítala igual a la original y así podía leer el despacho. Este fue el método criptográfico empleado en el año 404 a. C. por Lisandro de Esparta, cuando un mensajero maltrecho y ensangrentado llegó a su campamento y le entregó su cinturón donde había un mensaje codificado. Lisandro lo enrolló en su escítala, enterándose así de que Farnabazo II de Persia planeaba atacarlo. Gracias a este método, Lisandro se preparó para afrontar ese ataque y lo repelió.

Los medios criptográficos han evolucionado enormemente desde la primitiva escítala de los generales espartanos. La cinta o cuero que portaba el mensaje sólo era descifrable si se enrollaba en otra escítala igual, en posesión del general destinatario del mensaje.

Es curioso observar cómo el ejército espartano, con Leónidas a la cabeza, tan preocupado por la encriptación, fue víctima de la traición, ese sabotaje interno tan propio del espionaje. Durante la batalla de las Termópilas, en el año 480 a. C., al ser traicionado Leónidas por Efialtes (o Epialtes, según la transcripción del nombre que nos da Heródoto), el cual pidió una audiencia al rey de los persas en la que le dijo que había un camino en los montes que llegaba hasta las Termópilas, y que así podía llevar al ejército persa tras la retaguardia del ejército espartano.

## Los espías de Roma

La historia de Roma es, en gran parte, la historia de las guerras del pueblo romano. No olvidemos que el origen del linaje del fundador mítico de Roma, Rómulo, es Eneas, el héroe troyano que tuvo que abandonar Troya tras la guerra, y que ya en el Lacio tendrá que continuar luchando contra el rey rútulo Turno. Según se lee en la *Eneida* de Virgilio, en esta guerra ya se utilizaron medios de espionaje tal como venimos viendo. Así, en el libro XI, vv. 511-514, Turno le informa a la reina Camila de que sus exploradores le han traído la noticia de que Eneas ha adelantado un destacamento de caballería ligera para que recorra los campos y que el mismo Eneas se dirige a la ciudad por la cumbre de las montañas.

Sin embargo, los romanos se enorgullecían de ganar las guerras por la fuerza de las legiones, sin utilizar astucias ni engaños. Pero la realidad era bien distinta. Ningún imperio desde la Antigüedad se ha forjado sin la utilización del espionaje, y el de Roma no fue una excepción. Ejemplos de ello aparecen en los textos de los historiadores latinos Tito Livio y Sexto Julio Frontino. Ambos nos relatan cómo alrededor del año 300 a. C., durante las guerras etruscas, el cónsul Quinto Fabio Máximo envió a su hermano Fabio Ceso al bosque Ciminio disfrazado como un campesino etrusco con el fin de ganarse a los umbros para la causa romana. Como su hermano dominaba la lengua etrusca y a la vez era un maestro en el disfraz, fue enviado para reconocer áreas en las que se decía que los agentes romanos nunca habían penetrado. La misión fue un clamoroso éxito y Roma pudo conseguir sellar una alianza con los umbros de Camerium, una ciudad del Lacio.

Ya el espionaje hizo su aparición en los orígenes míticos de Roma, tal como relata Virgilio en la guerra entre Eneas y Turno. Francesco de Mura, *Acuerdo entre Camila y Turno*, 1765. Palazzo Leoni Montanari, Vicenza, Italia.

Cuando Roma saltó a la arena internacional contra los cartagineses aprendió una lección sobre qué ocurre cuando la información cae en manos de un hábil enemigo, como lo fue Aníbal. Durante la Segunda Guerra Púnica (218-201 a. C.) el general cartaginés situó espías en los campamentos romanos y en la misma Roma. Sabemos esto porque a uno de esos espías que los romanos capturaron le cortaron las manos antes de ser liberado, a modo de advertencia para los otros espías. La habilidad de Aníbal para disfrazarse él mismo, para falsificar documentos, para enviar comunicaciones secretas y para sorprender a los romanos llegó a ser legendaria. Se dice también que sus agentes hacían gestos secretos con las manos y que los utilizaban como medio de reconocerse unos a otros.

La pericia y experiencia de los espías cartagineses de Aníbal llevó al gran general romano Escipión a valerse de las mismas estratagemas para poder afrontar una guerra tan igualada. Bustos de Aníbal Barca (izquierda) y de Publio Escipión el Africano (derecha).

Según los historiadores antes mencionados, entre otras estratagemas, el general romano Publio Cornelio Escipión el Africano mandó a sus espías a reconocer los campamentos del enemigo. Cuando su sitio de Útica se paralizó hacia el 203 a. C., envió una legación al campamento del rey númida, Sífax. Centuriones disfrazados como esclavos acompañaron a los emisarios de Escipión. El legado Gayo Lelio temía que el plan fuera descubierto, ya que uno de los centuriones disfrazados, Lucio Estatorio, podría ser reconocido porque había visitado anteriormente el campamento. Para proteger el secreto del agente, Lelio lo azotó públicamente. Esta engañosa acción se realizó para encubrir el estrato social al que pertenecía Estatorio, puesto que los romanos sólo sojuzgaban a personas de baja escala social con el castigo corporal. Para el historiador, el episodio tiene particular interés porque específicamente implica a los centuriones y tribunos como participantes activos en misiones de espionaje. Mientras los legados parlamentaban, los «esclavos» espiaban por el campamento para obtener la mayor información sobre el enemigo.

Cuando tuvo toda la información a mano, Escipión decidió que un ataque nocturno sería la forma más efectiva de capturar el campamento; además, ordenó que los asentamientos cartaginés y númida fueran incendiados. Los cartagineses, pensando que estos eran fuegos accidentales, salieron desarmados; en ese momento fueron masacrados por la columna romana que estaba preparada y los estaba esperando. En este caso, la recogida de información había hecho posible una operación clandestina exitosa. Escipión había dado un duro golpe a una fuerza superior.

Es sorprendente que Roma llegara a convertirse en un imperio mediterráneo en el siglo II a. C., ya que carecía de un sistema de comunicaciones postal, de un servicio de inteligencia gubernamental o de un servicio permanente en el extranjero. Los romanos no habían desarrollado nada que se pareciera a un cuerpo diplomático. No tenían representantes ni delegaciones en el extranjero que hicieran efectiva una política exterior capaz de dar cobertura a los agentes secretos o que actuaran como recopiladores de información para el Senado al regresar a Roma. El ejército sí disponía de cuatro tipos de especialistas en la obtención y suministro de la información: los *procursatores* o tropas de reconocimiento de corta distancia, los *exploratores* o exploradores de larga distancia, los *speculatores* o espías propiamente dichos, que actuaban en el interior de un territorio hostil, y los *indices* o informadores y confidentes locales. Por lo tanto, el único servicio de inteligencia institucionalizado en Roma estaba en manos del ejército, para sus fines propiamente bélicos.

El principal medio de valorar los problemas en el extranjero y recabar información llegó a ser la embajada. Aunque es razonable asumir que los romanos enviaron a los emisarios para recabar información, juzgar los asentamientos u observar todo lo que ocurría a su alrededor, no hay duda de que eran considerados espías por estos objetivos. Durante su gran viaje al Oriente en el 166 a. C., el cónsul Tiberio Sempronio Graco y su séquito fueron tachados de *kataskopoi* ('espías') por el historiador griego Polibio.

A causa de que los gobernantes del Oriente tenían una larga historia en el uso de los servicios formales de inteligencia, a menudo asumían que los romanos estaban jugando al mismo juego. Según Polibio, el rey de Iliria, Gentio, declaró la guerra a Roma hacia el 168 a. C. Cuando esta mandó a sus embajadores, el rey ilirio los encadenó acusándolos de ir a su reino no como embajadores, sino como espías. Cuando Mitrídates VI, rey del Ponto, combatió contra Roma, lo primero que hizo fue matar a todos los romanos e itálicos que

El miedo a los complots y a las traiciones llegó a ser paranoico en algunos gobernantes de la Antigüedad. Uno de los casos más paradigmáticos es el de Mitrídates VI, que ingería pequeñas dosis de veneno para inmunizarse, ante la posibilidad de ser asesinado por los que lo rodeaban, como él mismo hizo con su madre y su hermano. Busto de Mitrídates VI representado como Hércules, siglo I d. C. Museo del Louvre, París.

vivían en las grandes ciudades de Asia Menor como posibles miembros afectos y leales a los intereses de Roma. Los muertos ascendían a ochenta mil, incluyendo a las mujeres y a los niños. Su obsesión por las intrigas lo llevó a ingerir pequeñas dosis de veneno para conseguir la inmunidad, ante el miedo de que pudiera ser envenenado por sus propios servidores. De hecho, cuando intentó suicidarse en su senectud ingiriendo un veneno, este no surtió efecto.

Los romanos no tenían escrúpulos al usar el espionaje a un nivel personal. Cada aristócrata romano tenía su red privada de cómplices para sus asuntos: informadores, miembros del clan, esclavos o agentes (femeninos o masculinos) que podían mantenerle informado sobre los últimos acontecimientos en el Senado o en su propio hogar. Era una verdadera red de espías particulares.

Los agentes de Julio César en Roma mantuvieron una estrecha vigilancia de sus enemigos. Mientras César tuvo el control de Roma durante la guerra civil, del 49 a. C. al 45 a. C., la población de la ciudad se regocijaba con sus victorias y lamentaba sus pérdidas, al menos públicamente. Ellos sabían perfectamente que había espías y personas que escuchaban a escondidas, merodeando, observando todo lo que se decía y se hacía. Los correos militares de César, los *speculatores,* se mantuvieron ocupados enviando inteligencia, pero también se les dio misiones de espionaje.

A una mente tan brillante y tan lúcida en el terreno bélico como la de Julio César no le podía ser ajena la encriptación de los mensajes secretos. Así ideó un sistema de codificación criptográfica de sustitución. Suetonio, en su *Vida de los doce Césares* escrita hacia el 125 d. C., nos refiere que cuando César quería ocultar el mensaje en sus cartas, sustituía cada letra del mensaje por la siguiente en tercer lugar, o sea, reemplazaba la *D* por la *A* y así, sucesivamente, para las restantes letras. Este algoritmo de sustitución toma el nombre de cifra de César.

Julio César, uno de los más grandes generales y estrategas de todos los tiempos, dio una gran importancia al espionaje en el terreno bélico, fundamentalmente a potenciar las comunicaciones a lo largo de todo el territorio y a la actividad de los exploradores militares; sin embargo, él mismo no hizo buen uso de la inteligencia con respecto a la información que recibió sobre la intención que sus enemigos tenían de asesinarlo. Vincenzo Camuccini, *La muerte de César,* 1798. Galeria Nazionale d'Arte Moderna, Roma.

También Suetonio en el libro II, 88, nos informa de que el emperador Augusto también escribía en clave al sustituir una letra del alfabeto por la siguiente, y la X duplicando la A.

A pesar del interés de Julio César por la criptografía y la información secreta, como es universalmente sabido, fue traicionado y asesinado en un complot perpetrado clandestinamente por sus más allegados, entre los que estaba Marco Junio Bruto como cabecilla, junto a Publio Servilio Casca y Gayo Casio Longino. El complot o la muerte de César fueron anticipados, según los historiadores romanos, por diversos vaticinios, como el sueño premonitorio de su esposa Calpurnia o el adivino que le avisó de que tuviera cuidado con los idus de marzo (recordemos que César murió el 15 de marzo del año 44 a. C.); sin embargo, según Plutarco en la *Vida de Julio César*, LXV,1-2, la confabulación fue conocida por Artemidoro, un maestro de filosofía griega, que oyó una conversación entre los conjurados en la que se hacía referencia a ello. Este entregó un papel a César donde le exponía todo lo que sabía sobre la conjuración contra él, pero el eminente militar y político hizo caso omiso.

Así entramos de nuevo en el terreno de la traición, íntimamente unido al del espionaje, como se refleja en el caso de Servilio Cepión. Desde el año 154 a. C. hasta el 139 a. C., en la Hispania Ulterior tuvo lugar una revuelta encabezada por un caudillo lusitano, Viriato, que cosechó una serie de victorias que parecían imparables. Cuando este se vio empujado a concertar la paz, el nuevo pretor romano, Servilio Cepión, compró a los tres lugartenientes de Viriato, Audas, Ditalcón y Minuro, para que dieran muerte al caudillo lusitano, lo cual hicieron en el año 139 a cambio de promesas que luego fueron incumplidas, tal como lo relata el historiador romano del siglo IV Eutropio.

Su sucesor, Augusto, el primero de los emperadores de Roma, estableció un servicio postal y de mensajeros llamado el *cursus publicus,* que reemplazó al inadecuado sistema republicano de mensajeros privados. A partir de ese momento, Roma dispondría de un medio oficial, permanente y fiable para comunicar la inteligencia política y militar, así como para mantener la seguridad del emperador y la estabilidad del imperio.

Aunque el *cursus publicus* suministraba un fiable medio de transmitir información importante, mandar despachos mediante este método no daba suficiente seguridad si había un traidor dentro del sistema. Las comunicaciones secretas y no secretas a menudo representaban un crítico papel en los acontecimientos políticos.

La traición es una de las estrategias que más se ha dado en el terreno del espionaje y de las operaciones encubiertas. Un caso ejemplar es el de la muerte de Viriato. José Madrazo, *La muerte de Viriato*, 1814. Museo del Prado, Madrid.

Siglos después, el emperador Caracalla (211-217 d. C.) fue avisado de un complot contra su vida cuando el plan estaba siendo urdido por su sucesor, Macrino (217-218). La advertencia llegó de Materiano, el oficial a cargo de las cohortes urbanas durante las frecuentes ausencias de Caracalla de Roma al estar en campaña. El mensaje, sellado, fue entregado con otras cartas al mensajero del correo imperial. Caracalla recibió el mensaje, pero en vez de leerlo él mismo dejó sus despachos en manos del propio Macrino. Este devolvió los despachos diarios, incluida la advertencia de Materiano sobre él mismo, que dispuso de inmediato de la carta incriminatoria. A causa de que temía que Materiano pudiese intentar una segunda comunicación, Macrino decidió deshacerse lo antes posible de Caracalla, urdiendo un complot contra él. Para ello convenció a un centurión de que asesinara al emperador.

Con bastante frecuencia los correos de inteligencia actuaban doblemente como asesinos políticos. Así ocurrió en el año 238 d. C., en tiempos del emperador Gordiano, cuando unos agentes disfrazados de mensajeros de Maximino, el enemigo del emperador, asesinaron al gobernador Vitaliano con espadas escondidas en sus mantos.

Con el reinado de Domiciano (81-96 d. C.), o posiblemente Adriano (117-138), llegó otra innovación que añadió más recursos humanos a esta red de inteligencia. Los sargentos de suministro, llamados *frumentarii,* empezaron a reemplazar a los *speculatores* como correos de inteligencia y eventualmente como policía secreta. Aunque las tres ocupaciones principales eran como correos, recaudadores de impuestos y policías, al igual que los *speculatores* antes que ellos, estos oficiales eran usados en muchas habilidades relacionadas con la seguridad del Estado. Durante el siglo III hay una gran evidencia de su uso como espías. Nadie parecía ser inmune: los generales importantes, los humildes cristianos, los senadores y los subversivos, todos estaban bajo su escrutinio. Obviamente, sus actividades no les granjearon a los *frumentarii* el cariño del público general. Como los administradores llegaron a ser arbitrarios, autoritarios y corruptos, el emperador Diocleciano disolvió a los *frumentarii* a causa del gran número de quejas que recibió de sus súbditos, pero en realidad no tenía intención de renunciar a tan esencial fuente de inteligencia. Simplemente, los reemplazó con miembros de otra organización, que desempeñarían las mismas funciones de contrainteligencia y seguridad pero bajo un nombre diferente. Estos nuevos hombres eran llamados *agentes in rebus* ('agentes generales'), y realizaban una amplia gama de actividades de inteligencia casi idéntica a la de los *frumentarii.* Las dos diferencias más grandes que existían entre estos dos grupos consistían en que los *agentes* eran civiles, no soldados, y no estaban bajo la jurisdicción del prefecto pretoriano, el comandante de la Guardia Pretoriana, sino que estaban dirigidos por un oficial llamado el 'maestro de los oficios' *(magister officiorum)*. Como el maestro de los oficios controlaba otros grupos que tenían funciones de inteligencia —tal como los *notarii*, los secretarios imperiales—, hacia la mitad del siglo IV el maestro de oficios llegó a ser el jefe del espionaje. El nuevo cuerpo de agentes era también más numeroso que el que había durante el sistema previo, llegando a los mil doscientos o mil doscientos cincuenta hombres. Uno los más conocidos y aborrecidos entre estos verdaderos policías secretos del imperio en tiempos de Constancio fue el *notarius* hispano Paulus Catena, sobrenombre por el que era conocido y que debía tener relación con su tendencia a encadenar a cualquier sospechoso, según el historiador romano del siglo IV Amiano Marcelino. Catena llegó incluso a detener al vicario de Bretaña, que, afortunadamente, pudo escapar a la venganza y a las torturas de dicho *notarius* suicidándose. Probablemente, en otros tiempos estos espías no tenían tanto poder. El reinado de Constancio, entre el años 337 d. C. y 361 d. C., fue particularmente propicio para sembrar de espías todas las provincias. Su temor a cualquier usurpación o complot contra él era, en cierto modo, paranoico. En cualquier caso, el espía hispano debió destacar por su eficiencia en tan innoble labor. Gran parte de su trabajo debió consistir en vigilar la actividad del césar Juliano, por lo tanto, este, cuando fue nombrado augusto, condenó a muerte a Cadena en Calcedonia, en la actual Turquía, de tal modo que fue quemado vivo.

Toda esta actividad casi frenética relacionada con el espionaje no aseguró las fronteras de Roma, ni consiguió que sus líderes estuvieran mejor informados acerca de sus enemigo del exterior. La información extranjera

Juliano el Apóstata fue famoso por la vuelta a la antigua
religiosidad pagana dentro del Imperio romano, pero
también por haber sabido acabar con los consejeros de su
predecesor, Constancio, en el tribunal de Calcedonia, entre
los que estaba el cruel jefe del espionaje Paulus Catena.
Busto de Juliano el Apóstata, h. 361 d. C. Museo del
Louvre, París.

continuó siendo recabada por los medios tradicionales,
es decir, mediante los exploradores militares; los *exploratores* y no los *speculatores*. Numerosas unidades móviles
de exploradores estaban asentadas en las áreas fronte-
rizas, donde se solía observar la actividad del enemigo
más allá de los límites del Imperio mediante simples
reconocimientos militares. Hay pocas evidencias para
sugerir que los romanos situaban a sus propios agentes entre los poderes extranjeros. La única excepción es

un pasaje de Amiano Marcelino en el que habla de un grupo llamado los *arcani,* que evidentemente trabajaban para los romanos recabando información entre los pueblos bárbaros y contando lo que veían. Incluso ellos, finalmente, llegaron a corromperse; hasta tal punto que el emperador Flavio Teodosio tuvo que disolverlos hacia el 367 después de Cristo.

# 2

# El espionaje medieval y de los grandes imperios

## GUERREROS Y ESPÍAS

Tras la caída del Imperio romano, en la Edad Media las acciones de espionaje y de inteligencia se limitaron básicamente a los tiempos de guerra. Estas actividades apenas diferían de las que se habían utilizado en el mundo antiguo; así, los espías continuaban recabando información acerca de la topografía del terreno, de las fortalezas del enemigo, de sus fuerzas o de sus armas defensivas y ofensivas, utilizando los mismos recursos fundamentales con los que se había contado en la Antigüedad. Un ejemplo de ello lo encontramos en la obra del historiador bizantino Procopio de Cesarea, *Historia de las guerras vándalas,* acaecidas entre los años 533 y 534 d. C. En ella nos relata las hazañas del más importante militar bizantino, Belisario, general que sirvió bajo las órdenes del emperador Justiniano I. El historiador bizantino hace hincapié en la importancia que daba Belisario a la inteligencia. Era capital para el general conocer cómo eran los vándalos, qué clase de hombres eran los enemigos contra los que tenía que luchar, cómo era su cualidad en tanto que guerreros o cómo tenía que acometer sus ataques. Para conseguir dicha información, el propio Procopio, a la sazón consejero del general Belisario, tuvo que infiltrarse como espía. Disfrazado de mercader que iba a comprar provisiones, se encaminó a Siracusa con el fin de averiguar si los enemigos vigilaban el paso de la isla mediante naves emboscadas, en qué lugar de Cartago sería mejor anclar las naves y qué base de operaciones sería más idónea para lanzar el ataque sobre los vándalos. Esta información permitió a los bizantinos dirigir su camino hacia Cartago y alcanzar finalmente la victoria tras la batalla de Ad Decimum, que tuvo lugar el 13 de septiembre de 533, a diez millas de Cartago.

Este mismo tipo de espionaje puramente militar es que el que empleó Harald (o Harold) II el Sajón en su confrontación con los normandos invasores encabezados por el futuro rey Guillermo I de Inglaterra. La batalla se produjo en Hastings en el año 1066 y tuvo obviamente una importancia crucial para la historia medieval de las islas Británicas. Esta batalla está descrita gráficamente en el llamado *Tapiz de Bayeux,* que se bordó como conmemoración del triunfo de Guillermo I el Conquistador para adornar la catedral de Bayeux el día de su consagración, el 14 de julio de 1077. En el tapiz se describen con todo lujo de detalles aspectos como los preparativos de la guerra, la batalla, e incluso cómo el rey Guillermo obtiene información acerca del ejército de Harold antes de entrar en campaña por mediación de un explorador que ha estado espiando los movimientos de las huestes enemigas. Esta es una demostración muy temprana de la importancia de la inteligencia y de la información en el mundo guerrero de la Edad Media; hay que tener en cuenta que el rey al que se le informa, es decir, el que hace uso de la inteligencia militar, es el que a la postre será vencedor.

El general Flavio Belisario fue el heredero, en el período bizantino, de las enseñanzas militares de los grandes generales de la Antigüedad y, como ellos, supo utilizar el espionaje como herramienta para la victoria. La leyenda que rodeó el final de su vida, según la cual el emperador Justiniano I lo dejó ciego y por ello tuvo que mendigar por las calles, parece ser falsa, aunque en el arte haya sido muy pródiga. Jacques-Louis David, *Belisario pidiendo limosna,* 1781. Palacio de Bellas Artes de Lille, Francia.

Aunque los testimonios medievales sobre el espionaje son escasos, el *Tapiz de Bayeux* es una excepcional muestra gráfica para comprobar el uso de exploradores espías por parte de los señores feudales. *Tapiz de Bayeux,* 1077. Centre Guillaume le Conquérant, Bayeux, Normandía.

Tampoco experimentó la inteligencia ninguna evolución en los imperios forjados en el Extremo Oriente, ya que siguieron utilizando el espionaje militar mediante la labor de los exploradores y de los guerreros espías. En el siglo XIII un gran guerrero lideró y unificó a las tribus nómadas de las estepas de Mongolia, hasta crear uno de los mayores imperios de la historia; ese emperador fue Gengis Kan, el gran Kan. Para llegar a este poderío militar, aparte del propio espíritu guerrero del pueblo mongol, cuyos individuos eran adiestrados para la guerra desde niños, Gengis Kan utilizó de manera primordial el espionaje, ya que la clave fundamental que le facilitó sus conquistas fue comprender la importancia de poseer una buena información acerca de la nación que se disponía a someter. La inteligencia militar del Imperio mongol se basaba en tres elementos fundamentales: el *yam,* o sistema de comunicaciones, los espías militares y los comerciantes. El *yam* era un sistema de comunicaciones que establecía postas a un día de trayecto entre sí y que proveía de caballos y provisiones a los mensajeros. Estos, además de llevar las misivas solicitadas, actuaban como espías y como agentes encubiertos que recababan información sobre los territorios que atravesaban. Por otra parte, los espías militares mongoles se pueden clasificar en dos órdenes: los *algincin,* o exploradores, y las fuerzas expedicionarias, que obtenían información actuando como una fuerza de vanguardia que observaba los movimientos del enemigo, el número de sus tropas o sus asentamientos, de manera que recababan inteligencia para los planes de futuras conquistas. Por último, el emperador mongol utilizó a los mercaderes como espías, tanto a aquellos que pasaban por sus territorios, interrogándoles hasta sacarles toda la información que requería, como a otros comerciantes expresamente contratados por Gengis Kan para tal fin debido a que eran los que mejor conocían las rutas de Asia. Este complejo sistema de recopilación de inteligencia mantenía siempre informado al Gran Kan con el fin de conquistar nuevos territorios.

Por su parte, el Japón medieval, sobre todo en el período Sengoku, que se extendió entre los años 1467 y 1568, conocido como el «período de los estados en guerra», vio el florecimiento y el momento cumbre de dos tipos de guerreros: los samuráis y los ninjas, también conocidos como *shinobi.* Mientras que el samurái representaba el valor ancestral del honor en la lucha, los ninjas eran verdaderos guerreros espías, especialistas en la guerra encubierta, en la ocultación y el sabotaje. Efectivamente, el ninja era utilizado para recabar información y para espiar al enemigo antes de la lucha; para ello no dudaban en disfrazarse e infiltrarse en el campamento enemigo y descubrir el poder de sus fuerzas y sus intenciones. Los *shinobi* también se encargaban del sabotaje de las fuerzas enemigas; para ello utilizaban los incendios como elemento de destrucción del asentamiento enemigo, y el asesinato selectivo, quizá la faceta por la que más conocidos sean estos guerreros espías. El asesinato más famoso de las historia de los ninjas es el de Uesegi Kenshin, un *daimyō* o señor feudal japonés. Un ninja, oculto en el pozo negro del baño, asesinó a

Los guerreros ninja o *shinobi* japoneses eran mercenarios destinados a las misiones que no podían ser ejecutadas por los samuráis, ligados a un código del honor. Estos cometidos fundamentalmente consistían en el espionaje, el sabotaje y el asesinato selectivo. Ilustración de Utagawa Toyokuni, *Ninja dispuesto al ataque*, 1853. Biblioteca del Congreso, Washington.

Uesegi clavándole un cuchillo en el ano cuando este se disponía a hacer sus necesidades. Aunque, según otras teorías, la muerte, que le llegó en el año 1578, se produjo simplemente por una crisis producida por un posible cáncer ocasionado por los múltiples excesos con la bebida de Kenshin.

## RELIGIÓN Y ESPIONAJE

No obstante, en el medievo dos acontecimientos ligados a la religión harán evolucionar enormemente el mundo del espionaje; en primer lugar, el auge y la expansión del islam y, en segundo lugar, la creación de la Santa Inquisición por parte de la Iglesia católica.

El islam nace como religión en el siglo VII d. C. en Arabia a raíz de la predicación de su profeta Mahoma. Tras la Hégira o emigración de los musulmanes de La Meca a la ciudad de Medina en el año 622, se produjeron diversos enfrentamientos entre estos y las tribus locales de dicha ciudad. Mahoma utilizó un servicio de inteligencia que le mantenía informado sobre las caravanas que se dirigían hacia La Meca para así poder asaltarlas. El enfrentamiento no tardó en producirse. En el año 624, dichas fuentes de información musulmanas le dieron el aviso a Mahoma de que Abu Sufyan, el jefe de un clan de La Meca, dirigía una rica caravana procedente de Siria. A su vez, los espías de Abu Sufyan le avisaron de las intenciones de Mahoma. Este envió a algunos de sus hombres de confianza con el fin de que espiaran en un pozo cercano de la ciudad de Badr, en la actual Arabia Saudí, y para que vieran si las tropas venidas de La Meca o los propios hombres de Abu Safyan habían extraído agua. Allí capturaron los espías musulmanes a dos aguadores que confesaron ser soldados de la tribu Quraish, es decir, de la tropa dirigida desde La Meca. De esta manera, Mahoma supo de antemano cuál era el potencial humano del ejército al que se enfrentaba, que ascendía a unos mil hombres, frente a los 313 musulmanes. A pesar de esta diferencia en las fuerzas, la victoria se decantó hacia el bando de los seguidores mahometanos.

Tras esta primera batalla, el islam se extendió en un siglo desde Arabia hasta la península ibérica; sin embargo, el primer emir que creó una verdadera red de inteligencia en el mundo musulmán fue Adud al-Dawla, soberano del territorio correspondiente al actual Irak, que centralizó el poder de su emirato en Bagdad. Para mantener el control desde su capital, estableció una importante red de comunicaciones mediante rápidos y eficientes correos, dada la importancia que dio a las relaciones diplomáticas con los fatimíes de Egipto, esto es, con los seguidores chiíes descendientes de Fátima, la hija de Mahoma. También era muy importante para él la diplomacia con Bizancio y con los samaníes procedentes de la antigua provincia persa de Jorasán. Además, esta red de mensajeros le servía como su propio servicio de inteligencia, extendido por los distintos territorios bajo su dominio e influencia, de manera que podía saber puntualmente todo lo que ocurría en ellos. Se cuenta que, para demostrarle al emir fatimí de Egipto, Ahmad ibn Tulun, que lo tenía vigilado en todo momento, Al Dawla hizo que le enviaran un zapato procedente de la casa de la amante del emir egipcio, relación que sólo era conocida por los más allegados de Ibn Tulun. Esta era, pues, una manera muy disuasoria para evitar traiciones y una forma muy clara de avisar de que la vida de cualquier persona, por muy importante que fuera, estaba en manos de Al Dawla.

Al Ándalus, la tierra conquistada por los árabes en la península ibérica, también fue testigo de maniobras de espionaje y conspiración. Cuando en el año 976 murió

en Córdoba el califa Al Hakam (o Alhakén) II, le sucedió en el poder su hijo Hisham II, de diez años de edad.
Ante la minoría de edad del nuevo califa, fue nombrado
como visir Almanzor gracias a los favores de la madre de
Hisham II, la vascona Subh, y después de haber asesinado al tío de Hisham, Al-Mughira, que para algunos
miembros del entorno califal era el legítimo heredero
al trono. Con el tiempo, Almanzor se convirtió en el
califa *de facto* de Córdoba tras reprimir una sublevación
contra Hisham II y conseguir importantes éxitos militares con su ejército compuesto por eslavos y bereberes,
que se convirtieron en su verdadera Guardia de Corps.
Ante el poder ascendente y sin freno de Almanzor, en
el 996 Hisham II, ya con una edad de treinta años e
instigado por su madre, resolvió hacerse con su legítimo poder. Los servicios de espionaje de Almanzor
le informaron acerca de las intenciones de Subh, que
pretendía sobornar a personajes de gran influencia política para que apoyaran sus aspiraciones y las de su hijo.
Almanzor supo reaccionar a tiempo al estar enterado de
toda la maniobra y dio un golpe de efecto al mostrar a
Hisham II como verdadero califa de Córdoba ante sus
súbditos, acompañado por su visir por las calles de la
ciudad como su fiel servidor. Esto hizo que Almanzor
fuera confirmado como único responsable para seguir
dirigiendo la política del califato.

Aunque las técnicas de espionaje de la Edad
Media no cambiaron con respecto a la Antigüedad,
sin embargo sí habrá un avance muy importante en el
espionaje de la comunicación, es decir, en el criptoanálisis, en la ciencia de descifrar un mensaje sin conocer
la clave. Conseguir tal hallazgo sólo estaba en manos
de una civilización que hubiese llegado a un nivel muy
elevado de erudición en diversas disciplinas como las
matemáticas, la estadística y la lingüística. Tal civilización en la Edad Media sólo podía ser la musulmana,

Los acontecimientos que rodearon el Gobierno de Hisham II y de su *hayib,* o primer ministro, Almanzor son un claro exponente de las políticas rodeadas de complots palaciegos y de intrigas cortesanas para controlar el poder. Francisco de Zurbarán, *Retrato de Almanzor,* 1658. Colección particular.

que se había erigido en la transmisora del saber antiguo por todo Occidente. En su afán por el estudio de la palabra revelada por su profeta Mahoma, los sabios árabes analizaban incluso la frecuencia de su uso y aparición de las palabras contenidas en las revelaciones del Corán. Este estudio lingüístico-estadístico fue el primer paso para conseguir el criptoanálisis. Ya en el siglo IX, Al-Kindi, conocido como el filósofo de los árabes, autor de un gran número de libros de medicina, astronomía, matemáticas, lingüística y música, escribió un tratado titulado *Sobre el desciframiento de mensajes criptográficos* en el cual afirmaba:

> [...] una manera de resolver un mensaje cifrado, si sabemos en qué lengua está escrito, es encontrar un texto llano diferente escrito en la misma lengua y que sea suficientemente largo para llenar alrededor de una hoja, y luego contar cuántas veces aparece una letra. A la letra que aparece con más frecuencia la llamamos 'primera', a la siguiente en frecuencia la llamamos 'segunda', a la siguiente, 'tercera', y así sucesivamente, hasta que hayamos cubierto todas las letras que aparecen en la muestra de texto llano.
>
> Luego observamos el texto cifrado que queremos resolver y clasificamos sus símbolos de la misma manera. Encontramos el símbolo que aparece con más frecuencia y lo sustituimos con la forma de la letra 'primera' de la muestra de texto llano, el siguiente símbolo más corriente lo sustituimos por la forma de la letra 'segunda', y el siguiente en frecuencia lo cambiamos por la forma de la letra 'tercera', y así sucesivamente, hasta que hayamos cubierto todos los símbolos del criptograma que queremos resolver.

La técnica de Al-Kindi, conocida como *análisis de frecuencia,* muestra que no es necesario revisar cada uno de los billones de claves potenciales. En vez de ello, es posible revelar el contenido de un mensaje codificado analizando simplemente la frecuencia de los caracteres del texto cifrado.

## Inquisición y espionaje

Si el mundo musulmán fue el primero en crear un método para romper con las cifras encriptadas creadas en la Antigüedad, y tras los escritos de Al Kindi se presentó un sistema criptoanalítico moderno, el mundo cristiano, por su parte, fue el primero en crear una verdadera red de espionaje a nivel mundial: la Inquisición.

La Santa Inquisición, para controlar el poder político y eclesiástico, creó un clima de terror sustentado por una red de espionaje total en la que realmente eran los propios conciudadanos los que se vigilaban entre sí, aunque esta misión estaba personificada en la figura del «familiar» de la Inquisición. Francisco de Goya, *Auto de fe de la Inquisición,* 1812-1819. Museo de Bellas Artes de San Fernando, Madrid.

La Inquisición aparece en el año 1184 como procedimiento judicial con el decreto del papa Luciano III *Ad abolendam,* para defender la ortodoxia de la Iglesia frente a las distintas herejías que proliferaron por Europa. De hecho, desde 1230 el procedimiento inquisitorial se transforma en Francia en una nueva institución que sirve para aplastar la herejía cátara y albigense por parte del papa Gregorio IX. De este modo se produce una rápida extensión de los tribunales inquisitoriales por toda Europa. Hay que esperar hasta la bula *Exigit sinceras devotionis affectus,* promulgada por el papa Sixto IV el 1 de noviembre de 1478, para la constitución de la Inquisición de Castilla, en la que concedía a los Reyes Católicos el poder de nombrar a los obispos que desempeñarían el oficio de inquisidores en las ciudades o diócesis.

La estructura del Santo Oficio se articuló de una manera que controlaba todos los ámbitos de su jurisdicción mediante dos elementos básicos: el primero era el aparato central, a cuya cabeza estaba el inquisidor general, y el Consejo de la Suprema y General Inquisición, presidido por el anterior. Estas dos figuras servían como eje centralizador de toda la institución. En segundo lugar, estaban los tribunales de distrito, que aseguraban la presencia constante de la Inquisición en la vasta geografía bajo su jurisdicción. Dentro de cada tribunal había todo un organigrama de funcionarios, compuesto por dos inquisidores, el procurador fiscal, el asesor, los consultores, los calificadores, los secretarios, el alguacil, el nuncio, el alcalde, el médico y el familiar. El cuerpo de los familiares estaba compuesto por servidores laicos del Santo Tribunal que ayudaban a los funcionarios de la Inquisición, fundamentalmente al alguacil, participando en las persecuciones o arrestos de los sospechosos, y que, a su vez, servían como una tupida red de informadores y de espionaje al Santo Oficio, puesto que actuaban como una especie de «policía secreta»; esto se debía al hecho de que también tenían entre sus funciones la de establecer las denuncias que pasaban al

Tribunal inquisitorial, aunque es sabido que no eran los únicos que podían presentarlas, sino que todo ciudadano tenía la obligación de denunciar a aquel que atentaba contra la ortodoxia de la religión. Este servicio de espionaje inquisitorial extendía sus redes a nivel internacional; servía para controlar los libros publicados, muchos de ellos editados, por esa misma razón, de manera anónima; vigilaba los servicios postales interceptando todas aquellas misivas que pudieran ser peligrosas, o simplemente contrarias al dogma; buscaba información sobre los individuos sospechosos de herejía e indagaba en las vidas de todos los ciudadanos buscando los más pequeños indicios de culpabilidad dentro de una sociedad rodeada por un clima de verdadero temor.

Pero no solamente será el poder eclesiástico el que desarrolle una red de informadores durante la Edad Media. Reyes como Fernando I de Portugal o Enrique III de Castilla, hacia el último cuarto del siglo XIV instituyeron el cargo de corregidor, una suerte de funcionario real que tenía como cometido servir de enlace entre la Corona y las distintas administraciones de las villas, ciudades y territorios del reino. Aparte de las funciones propias como administrar justicia, velar por el orden en las ciudades o supervisar la labor de los funcionarios públicos, tenían funciones militares. Dentro de esta facultad de los corregidores estaba revisar el estado de los castillos y las murallas de defensa e informarse acerca de las tropas que estaban a disposición del rey y del estado de su preparación bélica. Asimismo, la actuación de los corregidores tenía un claro matiz político, ya que actuaban siempre en pro de los intereses políticos de la Corona. En realidad, esta función política era en cierta manera una verdadera actividad de espionaje al servicio del rey, ya que en sus continuas comunicaciones mediante las misivas con el monarca, los corregidores les informaban de los nobles poco afectos al rey e incluso de las palabras proferidas por los descontentos con la política real en las reuniones públicas en las que ellos estaban presentes. Los mismos reyes, en algunas de sus mismas misivas, solicitaban información a los corregidores invitándoles a que usaran sus propios espías.

## EL ESPIONAJE EN EL NUEVO MUNDO

El descubrimiento de América abrió las puertas a un nuevo mundo para los intereses de las potencias europeas; de la misma manera fue la llave para la creación de los grandes imperios del Viejo Continente. La época que nacerá a partir del siglo XVI será una época convulsa y llena de complicados entramados políticos y diplomáticos entre dichas potencias. En ella el espionaje pasará a un primer plano, ya que la necesidad de información conllevó el establecimiento de redes funcionales que servían para la organización de la búsqueda, la obtención y el envío de dicha información. Sin embargo, en el continente recién descubierto los métodos del espionaje siguieron siendo los mismos que los de la Antigüedad y los de los primeros tiempos de la Edad Media. Esto se debe a que los nuevos métodos de la inteligencia, tan ligados en Europa a la diplomacia, son inútiles en los nuevos territorios, ya que el objetivo en el nuevo continente es la conquista militar y la posterior colonización. Por lo tanto, el espionaje seguirá respondiendo a las necesidades puramente militares, en especial mediante la utilización de exploradores, para la obtención de la información sobre los distintos pueblos y territorios. Otras veces es la utilización de un espía infiltrado en las huestes contrarias lo que permite la victoria. Tal es el caso que narra en su obra *La Araucana* (1569) Alonso de Ercilla, que participó en la guerra contra los mapuches, pueblo araucano del actual Chile, sublevado contra el Imperio español. En estas guerras de Arauco el *toqui,* o jefe de los mapuches, Caupolicán consiguió introducir en el fuerte Tucapel de la ciudad chilena de Cañete, donde estaban atrincheradas las tropas españolas, a un espía araucano de nombre Pran para que recabara toda la información acerca del asentamiento y de la tropa allí posicionada. Dentro del recinto se relacionó con otro indio, de nombre Andresillo, que era yanacona, o servidor de los españoles. Ocultándole este dato, Andresillo sonsacó toda la información a Pran y así se enteró de las intenciones de Caupolicán. El yanacona no tardó en dar toda la información que tenía a Reinoso, el jefe español, al tiempo que Pran hacía lo propio con Caupolicán. La acción propiamente de contraespionaje por parte de Andresillo continuó. Se presentó, con la connivencia de los españoles, ante el campamento de Caupolicán. Allí le planteó al *toqui* la conveniencia de atacar el fuerte español a la hora de la siesta, ya que la mayoría dormía por haber velado en la vigilancia nocturna. Para que Caupolicán creyera las palabras del espía infiltrado más ciegamente, le propuso que Pran entrara con él en la fortaleza y observara el estado de la tropa. Este confirmó las palabras de Andresillo y Caupolicán atacó sin dudar la fortaleza española. Sus tropas entraron calladamente, sin hace ruido, pero fueron sorprendidas por las fuerzas españolas que disimularon estar dormidas. La victoria fue aplastante para las tropas de los españoles.

Por otra parte, en el mundo precolombino no era nuevo el espionaje. En la época de florecimiento del Imperio azteca, a mediados del siglo xiv d. C, dentro de la sociedad mexica existía una clase social de gran relevancia formada por el gremio de los comerciantes y mercaderes, los *pochtecas.* Su estatus social era tal que vivían en sus propios barrios o *calpulli* y veneraban a un dios propio, Yacatecuhtli. A menudo, ya que tenían

La experiencia militar de Alonso de Ercilla en Chile le hizo conocer la práctica común de los conquistadores para recabar información: reclutar a nativos amerindios como informantes y espías. Retrato atribuido a El Greco, *Alonso de Ercilla*, entre 1576-1578. L'Hermitage, San Petersburgo.

que recorrer largos trayectos para comerciar con los más diversos productos y a causa de su conocimiento del mperio, eran utilizados como espías. Asimismo, podían ser elevados al rango de guerreros. Entre estos tipos especiales de *pochteca* estaban los denominados *naualoztomeca* o 'comerciantes espías', que formaban dicho grupo militar con un entrenamiento especializado, ya que dominaban diversas lenguas del imperio y sabían disfrazarse para pasar desapercibidos entre los distintos pueblos con los que entraban en contacto; eran, pues, el equivalente más cercano a los agentes de espionaje actuales. Además servían como vanguardia de las distintas operaciones militares expansionistas del imperio.

La práctica del espionaje entre los aztecas estaba muy extendida ya antes de la llegada de los españoles a América, mediante los comerciantes o *pochtecas,* que, aprovechando sus continuos viajes vendiendo sus mercancías, recababan información sobre los pueblos que posteriormente serían conquistados. *Pochteca;* Códice Fejérváry-Meyer, siglo XVI. Liverpool National Museum, Reino Unido.

## LOS ESPÍAS DEL IMPERIO INGLÉS

La nueva estructura gubernamental de los grandes estados e imperios que se van fraguando entre los siglos XVI y XVII va a desembocar en un tipo de Estado muy burocratizado en el que la información va a ser un elemento fundamental, puesto que su obtención para la generación de conocimiento por parte de los monarcas y sus colaboradores más cercanos se esgrime como una herramienta para la propia supervivencia de los imperios. 'Seguridad' e 'información' serán conceptos claves para el estado moderno que se gesta ya en el Renacimiento.

El primer Estado que estableció una red de espionaje institucionalizada fue Inglaterra. El organizador del sistema de inteligencia inglés fue el secretario principal de Estado de la reina Isabel I, sir Francis Walsingham, que ocupó su cargo desde 1573 hasta 1590.

Este maquiavélico hombre de Estado extendió su red de espías por Francia, Alemania, los Países Bajos, Italia y España; además tenía informantes en Constantinopla, Trípoli y Argel. En su propio país fue el cerebro que desbarató la llamada *Conspiración de Babington*. Anthony Babington fue un conspirador católico que organizó un complot en 1586 para asesinar a la reina Isabel I de Inglaterra. El deseo de los conspiradores era sentar en el trono del país anglosajón a María I de Escocia, conocida como la «Reina de los escoceses», encarcelada por su propia prima, la reina inglesa, en el castillo de Sheffield, en Inglaterra. Babington consideró que la conspiración debía tener la aprobación de la propia reina escocesa. Para comunicarse con ella, dicho conspirador codificaba sus mensajes mediante un nomenclador o código en el que una serie de signos sustituían las letras del alfabeto y otros signos lingüísticos, como palabras o frases. Las misivas eran introducidas en la cárcel por otro miembro del complot llamado Gilbert Gifford. Sin embargo, las eficaces redes de espionaje de Walsingham estaban al corriente de esta conspiración, pero faltaban pruebas de ella. Para acabar con el complot, el «Sr. Secretario», como se conocía a Walsingham, consiguió que Gifford trabajara como agente doble. De esta manera, logró que las comunicaciones cifradas dirigidas a la reina María I pasaran primeramente por sus manos. Los sobres lacrados eran abiertos; se copiaba literalmente la carta y volvían a lacrarse los sobres de manera que parecieran intactos. El contenido de las misivas pasaba a poder de un descifrador o criptoanalista a las órdenes de Walsingham. Este era Thomas Phelippes, que consiguió romper el código de los mensajes encriptados al descodificar el nomenclador de los conspiradores. Así, el secretario de Estado de la reina de Inglaterra pudo acusar a María I de Escocia y a todos los miembros del complot. La «Reina de los escoceses» fue ejecutada públicamente en el castillo de Fotheringhay, en Northamptonshire, el 8 de febrero de 1587.

Otro éxito de los servicios de espionaje de Walsingham fue el descubrimiento del complot que organizó Francis Throckmorton en connivencia con el embajador español en Londres, Bernardino de Mendoza, con el fin de derrocar a la reina Isabel. Las actividades del conspirador inglés levantaron las sospechas de Walsingham, por lo que los agentes de este registraron su casa. Allí encontraron evidencias incriminatorias. Throckmorton fue ejecutado en 1584 y el embajador español fue expulsado de Inglaterra.

La red de inteligencia internacional de Walsingham también le dio oportuna información al secretario de Estado acerca de los preparativos de la expedición de la Armada Invencible a partir de los informes enviados por el espía Anthony Standen, alias *Pompeo Pellegrini*. Estos informes eran a menudo los que obtenía de su amigo Giovanni Figliazzi, embajador de la Toscana en Madrid. Standen dio cumplida información sobre la viabilidad del ataque que el antiguo corsario, y en aquellos tiempos vicealmirante de la armada inglesa, Francis

Drake realizó en 1587 contra la flota española anclada en la bahía de Cádiz y destinada a formar parte de la Armada Invencible, que tenía como objetivo la invasión de Inglaterra.

Con la figura de sir Francis Walsingham asistimos al primer creador de una red de espionaje moderna tal como la entendemos en la actualidad, con agentes infiltrados en la propia corte de Isabel I, en los países con los que tenían relaciones amistosas, así como en los que eran potencialmente o de hecho enemigos de Inglaterra. *Sir Francis Walsingham,* atribuido a John de Critz el Viejo, h. 1585. The National Portrait Gallery, Londres.

John Thurloe elevó de nuevo el nivel del espionaje inglés a la altura que había alcanzado con Walsingham; sin embargo, dio una mayor importancia a la censura postal para recabar más información que la que le concedió su antecesor. Autor desconocido, *John Thurloe*, h. 1653. The National Portrait Gallery, Londres.

Cuando Oliver Cromwell ocupó el cargo de lord protector de la Commonwealth de Inglaterra, Escocia e Irlanda de 1653 a 1658, tuvo a su lado como secretario de Estado a John Thurloe, el cual se convirtió en el jefe del espionaje inglés durante esta época. Sus redes de inteligencia se extendieron por todo el territorio del Protectorado británico y por el continente. A él se debe la información para el desbaratamiento de los diversos complots perpetrados entre 1652 y 1659 por la asociación secreta realista denominada *Sealed Knot,* o 'Nudo Sellado', que pretendía la restauración de la monarquía durante el Interregno, es decir, el período gobernado por Oliver Cromwell.

El control absoluto de la información por parte de Thurloe le llegó a este en el año 1656, cuando se hizo cargo del Servicio Postal. Esto permitía que sus espías pudieran interceptar las misivas y tener así acceso al correo.

Para Thurloe trabajó como criptógrafo uno de los matemáticos más importantes de toda Europa en aquellos tiempos, John Wallis, que estableció un departamento de ruptura de códigos que continuó tras la restauración de la monarquía. Pero no fue este el único matemático que estuvo junto a Thurloe, sino que entre su nómina de espías estaba Samuel Morland, que llegó a ser su secretario. No obstante, este fue un agente doble que operaba para los que querían restaurar la monarquía, al oponerse al intento de asesinato contra el futuro rey de Inglaterra Carlos II, maquinado por sir Richard Willis, un realista que trabajaba también como agente doble para el Protectorado, Richard Cromwell, hijo y sucesor de Oliver Cromwell y el propio John Thurloe.

## EL ESPIONAJE DEL IMPERIO ESPAÑOL

El otro gran imperio en discordia no se quedó a la zaga la hora de utilizar espías para recabar la información. El rey español Felipe II, basándose en el sistema diplomático establecido por su padre, el emperador Carlos I de España, mantuvo una amplia red de espionaje cuyos centros neurálgicos eran las embajadas. No obstante, también todos los órganos de gobierno del Imperio español, virreyes, gobernadores generales y militares sirvieron a la Corona como receptores de la información obtenida por los medios más diversos. El órgano que regulaba la adquisición y la proporción de inteligencia a los órganos políticos decisorios era el Consejo de Estado, que a su vez nombraba a los embajadores en el extranjero. La supervisión y el control de este organismo estatal recaían en el secretario de Estado, que era, en última instancia, el encargado de la coordinación de hombres y recursos con el fin de obtener la información necesaria para la toma de decisiones. Por debajo de este organizador político del espionaje se creó un cargo intermedio para velar y coordinar las acciones de los agentes desplegados en los distintos teatros de operaciones en los que la monarquía española tenía algún tipo de interés. Este cargo era el de espía mayor de la corte y superintendente de las inteligencias secretas. El primer titular fue Juan Velázquez de Velasco en 1598, nombrado con toda seguridad antes de la muerte de Felipe II, que oficializó su puesto durante el reinado del Felipe III. Juan Velázquez centralizó toda la información que le llegaba desde las Indias, Francia e Inglaterra. A su muerte lo sucedió su hijo Andrés Velázquez Venero, que fue confirmado también por Felipe III. El cargo de espía mayor fue extinguido en el año 1651.

El espionaje en la época de los reyes españoles de la dinastía de los Habsburgo no se limitó al extranjero, sino que representó un papel fundamental dentro de las intrigas palaciegas en las distintas cortes. Dos ejemplos paradigmáticos se darán en diferentes épocas bajo reyes distintos: el caso Antonio Pérez, en la corte del rey español Felipe II, y Fernando de Valenzuela y Enciso, el *Duende de Palacio,* valido de la reina regente doña Mariana de Austria, madre del futuro monarca español Carlos II.

Durante la época de los grandes imperios fue fundamental la importancia de las delegaciones diplomáticas como centros del espionaje internacional dirigidos por los embajadores. Dentro de este engranaje eran fundamentales, en tanto que agentes, los mensajeros privados para la transmisión de la inteligencia. Juan Ricci, *El mensajero,* h. 1640. Colección Fundación Banco de Santander, Madrid.

Antonio Pérez del Hierro fue secretario de Estado de Felipe II, cargo que obtuvo tras la muerte del que se cree fue su padre, Gonzalo Pérez, a su vez secretario del rey Carlos I de España. Cuando falleció el príncipe de Éboli, Ruy Gómez de Silva, en 1573, Antonio Pérez se alió con la mujer de aquel, Ana de Mendoza de la Cerda, la princesa de Éboli. Aprovechando su aventajada situación ante el rey, ambos se enriquecieron con la venta de secretos de Estado. Asimismo, el secretario de Estado actuó en realidad como un verdadero espía doble ya que se carteaba con el hermanastro de Felipe II, el gobernador de los Países Bajos, Juan de Austria, alabando a este y criticando al rey, en principio para sonsacarle información y obtener pruebas de alguna posible intriga de Juan hacia el Rey Prudente, como se conocía a Felipe II. Antonio Pérez convenció al monarca de que su hermanastro quería arrebatarle el trono, apoyándose en los distintos gobernantes europeos, tras una proyectada invasión de Inglaterra y su ascenso final al trono inglés. Una pieza fundamental de todo este complot era Juan de Escobedo, a la sazón secretario personal de Juan de Austria, elegido por Pérez, ya que era amigo suyo, en principio para que le sirviera de espía en la corte del hermanastro del rey en los Países Bajos. Cuando Juan de Escobedo llegó a la corte madrileña, Pérez persuadió a Felipe II de la necesidad de eliminar a Escobedo, hecho que se consumó el 31 de marzo de 1578. A partir de ese momento, los rumores se hacían eco de la intervención del secretario de Estado en el asesinato. Del apoyo inicial de Felipe II a Antonio Pérez, el rey pasó a considerar a su secretario como un intrigante y, en realidad, como un traidor dentro de su propia corte que lo había utilizado para eliminar a un adversario suyo, a Escobedo. Este había hecho uso, sin duda, del rumor que se había extendido por la corte sobre las supuestas relaciones amorosas entre la princesa de Éboli y el secretario de Felipe II, aparte de las ya existentes relaciones en materia política, para hacer chantaje a Antonio Pérez. El asesinato de Escobedo a manos de unos sicarios enviados por Pérez contribuyó aún más a la caída en desgracia de este, que fue encarcelado, aunque consiguió huir a Calatayud donde apeló a los fueros aragoneses que amparaban a los perseguidos por el rey. Cuando fue perseguido por la Inquisición, a instancias de Felipe II, acusado de tener tratos con herejes, huyó a Béarn, en Francia. Por su parte, la princesa de Éboli fue encerrada en la Torre de Pinto y después trasladada a Pastrana, donde pasó sus últimos años.

Nadie como el italiano Cesare Ripa supo representar simbólicamente la imagen del espía: un individuo embozado, cubierto con un manto lleno de ojos y orejas, con los pies alados y llevando en la mano un candil para trabajar en la oscuridad; a su lado, un perro husmea el rastro que se ha de seguir. «Espia», Imagen del libro *Della piú che novisima Iconologia*, 1630, de Cesare Ripa, Padua.

Durante la regencia de la reina Mariana de Austria en la minoría de edad de su hijo, el futuro rey Carlos II, Fernando de Valenzuela y Enciso alcanzó los más altos puestos dentro de la corte, desde caballerizo mayor en 1673 hasta llegar a consolidarse como valido de la reina regente, convirtiéndose en el cortesano de mayor confianza para la reina. A Valenzuela llegó a conocérsele en la corte con el apodo de *Duende de Palacio* debido a la facilidad que tenía para el espionaje y para enterarse de todos los rumores, noticias y secretos que circulaban por el palacio y por Madrid. Esta faceta de Valenzuela cautivó a la reina regente. Además, le servía a doña Mariana de vínculo con lo que le rodeaba en el Palacio, ya que estaba ciertamente aislada de los miembros de su corte, y, por lo tanto, no le era suministrada ninguna información que pudiera interesarle;, ni podía llegar a esas fuentes que pudieran avisarla de las opiniones y críticas de las facciones de los cortesanos acerca de sus métodos de gobierno. La reina necesitaba a Valenzuela como su fuente de información. Su afán por intentar averiguar todo lo que acontecía a su alrededor en palacio llevaba a Valenzuela a acceder a las sesiones de consejos clandestinamente, oculto entre las escuchas o celosías a través de las que se podía enterar de lo que se hablaba en ellas sin ser visto. Este espionaje de pasillos, salones y corredores le sirvió para adquirir cada vez un mayor poder e influencia con la reina; pero su origen humilde y su meteórico ascenso en los cargos públicos no fueron aceptados por los Grandes de la nobleza de España, que esperaban una actuación errónea para acabar con el indeseable espía de la corte. La ocasión llegó con la mayoría de edad de Carlos II y la elección de Juan José de Austria como su nuevo valido. Fernando de Valenzuela y Enciso, el Duende de Palacio, fue juzgado y condenado al destierro en Cavite, ciudad de Filipinas, el 28 de febrero de 1678.

Quizás el hombre de Estado más paradigmático a la hora de personificar el espionaje y la intriga cortesana fue don Fernando de Valenzuela, apodado el *Duende de Palacio* por conocer todos los secretos, rumores y conversaciones privadas que tuvieran lugar en el Alcázar de Madrid. Juan Carreño de Miranda, *Don Fernando de Valenzuela, marqués de Villasierra (el Duende de Palacio)*, h. 1660. Fundación Lázaro Galdiano, Madrid.

## Las nacientes redes de espionaje de Francia y Rusia

Paralelamente a la institucionalización del espionaje que se produjo en los dos poderosos imperios que lucharon entre sí por el dominio del mar durante el siglo XVI, dos grandes naciones florecientes en el siglo posterior, Francia y Rusia, crearán sus propias redes para el espionaje, tanto doméstico como internacional, al entrar de lleno en el teatro de operaciones secretas de la política mundial.

Cuando en Francia llegó a primer ministro del rey francés Luis XIII Armand-Jean de Plessis, más conocido como el cardenal Richelieu, en el año 1624, se convirtió en el hombre fuerte del poder. Desde su posición privilegiada en el gobierno estableció una gran centralización del Estado, dio un gran impulso a la expansión colonialista francesa y ejerció una feroz oposición al Imperio español en tiempos del monarca Felipe IV. Para mantener el control de todo este poder, estableció por primera vez en el país galo una tupida red de informantes, puestos bajo las órdenes de la *Éminence Grise,* la 'Eminencia Gris', el fraile capuchino francés François Leclerc du Tremblay, conocido también como Padre José. Este consejero de Richelieu creó un amplio entramado de espías utilizando a los propios monjes capuchinos a modo de agentes de inteligencia. De esta manera, le enviaban puntuales informes sobre todo aquello que pudiera servir para el Gobierno de su 'Eminencia Roja', es decir, de Richelieu. Además, al haber estado a cargo de los misioneros de la Orden de los Capuchinos a la que pertenecía su 'Eminencia Gris', su influencia y fuentes de información se extendían de manera global, principalmente a los países de mayoría hugonote, es decir, de religión protestante calvinista.

El cuadro de Jean-Léon Gérôme transmite perfectamente el poder atesorado por la mano derecha del cardenal Richelieu, el capuchino François Leclerc du Tremblay, conocido como *Su Eminencia Gris*. Fue el hombre que centralizó todo el espionaje del Gobierno francés en sus manos, de tal manera que fuera cual fuera el acontecimiento que tuviera lugar en cualquier lugar del país, llegaba a su conocimiento, y después al de *Su Eminencia Roja*, el cardenal Richelieu. Jean-Léon Gérôme, *L'Éminence Grise*, 1873. Museo de Bellas Artes de Boston, Estados Unidos.

En Rusia, al otro lado del continente europeo, bajo el reinado del zar Pedro I el Grande, nació en 1697 el germen de los futuros servicios de espionaje rusos, la *Preobrazhenski Prikaz*, u Oficina de Preobrazhenski, que tomó el nombre de un regimiento creado por el propio zar ubicado en el pueblo así denominado, que actualmente es un distrito de la ciudad rusa de Moscú. Esta oficina de inteligencia unificó, modernizó y mejoró los antiguos servicios secretos policiales creados por el zar Iván el Terrible en el siglo XVI. El espíritu ilustrado del zar le condujo a una centralización rigurosa del poder, desde donde controlar todos los vastos territorios de su imperio. Al principio, este espionaje se limitó fundamentalmente a un papel meramente político, de defensa del zarismo y de la clase aristocrática, para después extender sus redes al ámbito militar y con él al internacional. El primer jefe de la *Preobrazhenski Prikaz* fue el príncipe Fiodor Yuryevich Romodanovsky. Este jefe de la policía secreta del imperio era el segundo hombre más poderoso en Rusia tras el zar Pedro I. Muy pronto adquirió una terrible reputación. Desde el momento en que se hizo cargo de los servicios secretos, el espionaje, la denuncia encubierta, la tortura y las ejecuciones secretas eran la norma común de la policía rusa bajo el yugo de Pedro I y su mano derecha, Romodanovsky.

# 3

# El comienzo del espionaje moderno

## LOS ESPÍAS CORTESANOS DE LOS BORBONES FRANCESES

La herencia dejada por el espionaje en tiempos del cardenal Richelieu continuó en manos de su protegido, el también cardenal de origen italiano Jules Mazarin, habitualmente transcrito su nombre en español como Julio Mazarino, que ocupó el cargo de ministro principal del Estado en Francia tras la muerte de Su Eminencia Roja, Richelieu, en 1642. Un año después, Mazarino empezó a tomar las riendas de Francia bajo la regencia de Ana de Austria, madre del joven rey Luis XIV, posteriormente conocido como el Rey Sol. Mientras estuvo en el poder, Mazarino no dudó en utilizar el espionaje para los intereses del país galo. Con este fin llegó incluso a usar los servicios de uno de los *castrati* más importantes de su tiempo: el italiano Atto Melani. La fama de este cantante *castrato* era tal que Luis XIV lo convirtió en un miembro de su corte. Mazarino, a su vez, lo introdujo en el mundo del espionaje, ya que la prodigiosa voz de Melani le abría las puertas de las distintas cortes europeas. De esta manera, su acceso a la información privilegiada, que recababa por su relación con los distintos reyes y cortesanos, le permitía enviar valiosísimos informes al cardenal francés.

La admiración que se sentía por los cantantes *castrati* en las cortes europeas en los siglos XVII y XVIII los convertía en elementos muy cotizados y valiosos para servir como agentes secretos o espías. Esto se debía a que su profesión no levantaba sospechas contra ellos, sino que antes bien les permitía tener acceso a todo lo que rodeaba a la corte. Por esta razón, el cardenal Mazarino utilizó a Atto Melani para sus operaciones encubiertas de espionaje. *Retrato de Mazarino,* escuela francesa, h. 1630. Hôtel de Matignon, París.

El rechazo del rey Luis XIV a la ascensión del trono polaco del aspirante Estanislao II Augusto Poniatowski, le forzó a crear la red de espías conocida como el Secreto del Rey. Marcello Bacciarelli, *Retrato de Estanislao Augusto Poniatowski en traje de coronación*, 1764. Castillo Real de Varsovia, Polonia.

El sucesor de Luis XIV, su bisnieto Luis XV, dio aún más importancia al espionaje que su antecesor. Por ello creó en el año 1745 una red de espías conocida como el Secreto del Rey (*Secret du Roi,* en francés), que establecía canales secretos para la diplomacia francesa. Este sistema de espionaje actuaba al margen de la diplomacia institucional, de tal manera que los embajadores franceses no estaban al corriente de las actuaciones de aquellos agentes encubiertos. El Secreto del Rey se formó con el fin de sentar en el trono polaco al candidato de Francia, Luis Francisco I de Borbón-Conti, el príncipe de Conti, frente al aspirante apoyado por la emperatriz rusa Catalina II la Grande, el que fuera en otro tiempo su amante, Estanislao II Augusto Poniatowski. Los jefes de esta red de espías a las órdenes del rey Bien Amado, como se conocía a Luis XV, fueron Charles-François de Broglie y Jean-Pierre Tercier, con quienes mantenía el monarca francés una correspondencia secreta que sólo fue conocida tras su muerte en 1774. Estos jefes del espionaje francés eligieron treinta y dos agentes. Entre estos se encontraba uno de los personajes más curiosos de la época de Luis XV: Charles d'Éon de Beaumont, también conocido como Chevalier d'Éon o Mademoiselle Beaumont. Este espía francés realizaba sus operaciones secretas tanto vestido de hombre como de mujer, según fuera necesario para su cometido. Así, cuando fue enviado a la corte de la zarina Isabel Petrovna para conseguir un acercamiento diplomático entre Francia y Rusia, Beaumont se presentó a la corte disfrazado de cortesana. Con este ardid consiguió una mayor complicidad con la zarina haciéndose pasar por Lía de Beaumont.

## El intrigante espía de la Revolución francesa: Joseph Fouché

Aunque los reyes de Francia establecieron los cimientos de los servicios secretos franceses, será durante la Revolución francesa cuando aparezca la figura más importante del espionaje del país galo: Joseph Fouché. Este político francés, nacido en Nantes en 1759, fue nombrado en 1799 ministro de Policía por Paul François Jean Nicolas Barras, el presidente del Directorio de la República Francesa. En ese cargo no sólo estableció una primigenia organización policial moderna y eficaz, sino que también instauró una red de espionaje capaz de infiltrar a sus agentes en cualquier círculo social. La influencia que llegó a tener Fouché era tal que consiguió comprar los servicios de Josefina de Beauharnais, la esposa de Napoleón I, con el fin de recabar informes del propio emperador francés, para el que trabajaba el jefe de los espías franceses cuando Napoleón derrocó al Directorio en noviembre de 1799. Fouché fue el espía nato, un verdadero político camaleónico, ya que cambiaba su conducta y su ideología según fueran las corrientes del poder imperante en cada momento. Pudo sobrevivir al terror de Robespierre, al Directorio, al golpe de Estado del 18 brumario de Napoleón, a la caída del emperador francés y a la Restauración monárquica.

Uno de las principales preocupaciones de Fouché mientras ostentó el cargo de ministro de Policía bajo el mandato de Napoleón I fue espiar y controlar los movimientos de los partidarios realistas que deseaban el derrocamiento del emperador. Un ejemplo de su actividad de espionaje contra los realistas se ve claramente en la vigilancia que realizó a los *chouans,* los seguidores realistas de Jean Cottereau, también conocido como Jean Chouan, que encabezaron el movimiento denominado *chouannerie,* que desembocó en una serie de alzamientos que se dieron entre 1794 y 1800 en tres fases. Cuando el 24 de diciembre de 1800 Napoleón I y Josefina Bonaparte sufrieron un atentado en la calle Saint-Nicaise, el emperador francés creyó que había sido llevado a cabo por los jacobinos y culpó a Fouché de no haberlo previsto. El ministro francés de la Policía, por el contrario, defendía la tesis de que el atentado había sido realizado por un comando realista, por los *chouans* bretones; para defender esta posibilidad, inició, contra las indicaciones de Napoleón, una investigación a partir de las aproximadamente mil doscientas fichas, la llamada *biographie chouannique,* que había archivado acerca de los contrarrevolucionarios. A pesar de las burlas de los enemigos políticos de Fouché, este continuó obstinadamente con su investigación; por fin, sus servicios de espionaje consiguieron reunir suficientes pruebas para inculpar a los *chouans* como el brazo ejecutor del atentado y a su cabecilla, Georges Cadoudal.

Junto a Fouché colaboró íntimamente otro maestro del espionaje, Anne Jean Marie René Savary, duque de Rovigo, que era el jefe de la sección de Inteligencia del Estado Mayor y de la policía secreta. Entre sus acciones destaca la planificación del arresto de Louis Antoine de Bourbon-Condé, el duque de Enghien, por su presunta participación en el atentado contra Napoleón en la calle Saint-Nicaise y su colaboración con los realistas. El duque de Enghien se encontraba exiliado en Ettenheim, en el gran ducado de Bade, Alemania. Savary ordenó a sus agentes secretos que, literalmente, raptaran al duque de Enghien y lo condujeran a territorio francés. En Francia fue encarcelado en el castillo de Vincennes, donde murió fusilado tras un juicio militar en el que no se le permitió ninguna defensa.

La obsesión por el espionaje llegó a tal extremo en la Francia posrevolucionaria que incluso los nobles disponían de su propia red de informantes. Un caso paradigmático fue Louise Marie Adélaïde de Bourbon, duquesa de Orleans, la madre del futuro rey de Francia Luis Felipe I, que reinaría desde 1830 hasta 1848. Los traumáticos acontecimientos que tuvo que vivir la duquesa de Orleans, tales como la muerte de su cuñada, la princesa de Lambelle, víctima de las masacres de septiembre

Joseph Fouché representa la esencia del espía nato, del hombre maquiavélico que mediante la astucia empleada en los servicios secretos se mantiene siempre junto al poder, lo ostente quien lo ostente. No obstante, su valía era la clave fundamental para poder sobrevivir a los distintos gobiernos para los que trabajó. *Retrato de Joseph Fouché*, Escuela Francesa, h. 1813. Palacio de Versalles, París.

de 1792, y la ejecución del duque de Orleans, Louis Philippe Joseph de Orleans, guillotinado en París el 6 de noviembre de 1793, la llevaron a utilizar a miembros de su casa como espías para mantenerse informada acerca de los acontecimientos que sucedían o podrían acaecer en Francia. Para tal fin tenía a su servicio al espía más singular de todos los tiempos: Richebourg. Aunque fue contratado como sumiller en la casa de Orleans, su verdadera ocupación era recabar información para su señora, ya que su escasa estatura, apenas sesenta y cinco centímetros, le permitía ser disfrazado como un niño pequeño y transportado, tanto en los brazos de una niñera como en un carrito de bebé, de tal manera que, sin levantar sospechas, podía enterarse de conversaciones secretas de todos aquellos que hablaran junto a él, despreocupados por hacerlo ante un niño; asimismo, era el medio más eficaz de transportar mensajes y despachos ocultos bajo su gorrito infantil.

## EL ESPIONAJE MILITAR NAPOLEÓNICO

Como hemos visto anteriormente, Napoleón I dispuso de un moderno y eficaz servicio de espionaje y de policía secreta que cubría sus necesidades de inteligencia, tanto en la política interior como en la exterior. El emperador que llegó a dominar gran parte de Europa a principios del siglo XIX, obviamente, se sirvió también del espionaje militar para realizar sus conquistas. Por un lado, utilizaba los mismos métodos de obtención de información tradicionales, es decir, los cuerpos de exploradores o las compañías de soldados de avanzadilla, que recababan la información acerca del enemigo, de las ciudades que habían de ser ocupadas y de sus habitantes, de la disposición de los asentamientos de los enemigos, de sus fuerzas, misiones que a menudo eran encomendadas a los miembros del Estado Mayor del ejército napoleónico. Por otro lado, Napoleón I contaba con uno de los grandes maestros de espías del

Savary, duque de Rovigo, fue otra de las mentes más preclaras en materia de espionaje para la Francia napoleónica. Su puesto como diplomático le llevó a España, donde se le encomendó participar en las intrigas cortesanas y realizar la misión de convencer al rey español Fernando VII para que fuera a Francia. Robert Lefèvre, *Retrato del duque de Rovigo*, 1814. Museo de la Historia de Francia, París.

siglo xix, el alsaciano Karl Schulmeister, cuyos informes secretos y sus acciones le proporcionaron la victoria sobre el ejército austriaco. El jefe de la policía secreta de Napoleón, el ya citado Savary, duque de Rovigo, captó a Schulmeister por su fama como renombrado contrabandista. Una vez dentro de las filas del espionaje napoleónico, Schulmeister se infiltró en el ejército austriaco, donde hizo que operara su servicio de inteligencia. De este modo, podía recabar información vital acerca de las tropas austriacas y, a su vez, filtrar información falsa a los mandos militares austriacos.

Así, cuando empezó la guerra entre Francia y la Tercera Coalición creada en 1805 por el Reino Unido, Austria, Rusia, Nápoles y Suecia, Schulmeister fue enviado a Viena, capital de Austria, con la misión de informarse sobre los planes del general Karl Mack von Lieberich, al mando del ejército austriaco de Baviera, en Alemania. Schulmeister, como hombre dotado de un gran don de gentes, se ganó la confianza de los círculos aristocráticos de Viena, con lo que consiguió que le presentaran al general Mack. El espía alsaciano se dio a conocer como un noble de origen húngaro, expulsado de Francia y representante de los realistas opositores al poder de Napoleón I. Para hacer más creíble esta farsa, Schulmeister le enseñó falsos datos secretos sobre el ejército del emperador francés, según las órdenes que le había dado este mismo. El general Mack confió tan plenamente en Schulmeister que le nombró su jefe de inteligencia. En ese momento, el espía alsaciano se convirtió de hecho en un agente doble. Schulmeister le presentaba a Mack diarios franceses y cartas de corresponsales que le mostraban el malestar y la gran oposición que había en Francia contra Napoleón I. Cuando el general Mack empezó la campaña militar, su nuevo jefe de inteligencia le convenció de que parte de los ejércitos franceses tenían que retirarse del frente de batalla en el río Rin para sofocar una serie de levantamientos sociales y políticos que se habían producido en suelo francés. Mack von Lieberich se precipitó en su ataque sin esperar a los refuerzos rusos. Cayó en una trampa mortal para unos treinta mil de sus soldados en la batalla de Ulm, ciudad alemana en el estado de Baden-Württemberg, en octubre de 1805. Esta derrota tuvo como consecuencia que degradaran de su rango a Mack, mientras que Schulmeister fue juzgado por un tribunal militar, que lo absolvió tras acusar de traición a su antiguo protector, el general austriaco. Con todo, consiguió con la misma treta los documentos e informes falsos de sus espías, con lo que los austriacos creyeran que el ejército francés estaba muy debilitado y que la victoria sería fácil para los aliados de la Tercera Coalición. El resultado fue la derrota de este ejército en la batalla de Austerlitz, la ciudad austriaca, el 2 de diciembre de 1805, ya que el emperador, al conocer la información facilitada por Schulmeister, debilitó su flanco izquierdo para que el ejército enemigo centrara su ataque en él; de esta manera pudo hacer una maniobra estratégica al atacar él los flancos debilitados del ejército austro-ruso.

## ALÍ BEY: UN ESPÍA ESPAÑOL EN LA CORTE DEL SULTÁN DE MARRUECOS

Si la Francia de Napoleón contó sin duda alguna con los maestros de espías más geniales de finales del siglo XVIII y principios del XIX, será la corte española del rey Carlos IV la que dispondrá del espía más audaz y aventurero: el catalán Domingo Badía y Leblich. Este barcelonés nacido en 1767 demostró una gran inquietud cultural desde muy joven. Con veintiséis años de edad se trasladó a Córdoba como administrador de la Real Renta de Tabacos. En esta ciudad amplió sus conocimientos científicos y fraguó la que será su mayor aventura vital: el proyecto de un viaje científico al continente africano. Para conseguir su sueño decidió trasladarse a Madrid, donde presentó su propuesta a Manuel Godoy y Álvarez de Faria. Con el apoyo del príncipe de la Paz, como se conocía a Godoy, Badía consiguió su propósito, pero el primer ministro de Carlos IV insistió en que la expedición no fuera solamente un viaje científico, sino que tuviera también fines claramente políticos. Para no tener problemas en los territorios musulmanes adoptó la personalidad ficticia de un príncipe abasí, descendiente del califato de Bagdad, llamado Alí Bey.

Tanto la batalla de Austerlitz como la de Ulm son dos claros ejemplos de la importancia que tiene la inteligencia militar para el desarrollo de las confrontaciones. Las acciones secretas de Karl Schulmeister abonaron la victoria de Napoleón I en dichas batallas. François Pascal Simon Gérard, *La batalla de Austerlitz*, 1810. Museo Nacional del Palacio de Versalles, París.

La razón de que Godoy quisiera que la expedición tuviera carácter político no era otra que Badía se ganara la confianza del sultán de Marruecos, Muley Suleimán, para persuadirle de que aceptara la protección de España contra sus enemigos, los bajaes, o gobernadores del sur del país. En caso contrario, tendría Alí Bey que ponerse en contacto con estos últimos para que se levantaran en armas contra el sultán, hasta desembocar en una guerra civil que resultara beneficiosa para España. Todo este plan estaba encubierto con el pretendido fin científico de la expedición de Badía. El contacto con el Gobierno español era el coordinador de la operación secreta, el coronel Francisco Amorós y Andeano.

El viaje del espía catalán por tierras africanas empezó el 29 de junio de 1803. La misión en Marruecos fue cumplida con la máxima eficacia. Tras ganarse la confianza y el aprecio del sultán, marchó hasta Mogador, la actual ciudad marroquí de Essaouira. Desde allí consiguió establecer una coalición entre los bajaes de las tribus de la zona para que se sublevaran contra el sultán. La operación estaba preparada para el día 15 de enero de 1805, cuando el vicecónsul español en Marruecos, Antonio Rodríguez Sánchez, le hizo saber a Alí Bey que las armas estaban a punto de embarcar en el puerto de Cádiz. Sin embargo, en Madrid se abortó todo el plan al no conceder el rey Carlos IV su visto bueno al apoyo al levantamiento contra el sultán marroquí. Las órdenes para Badía eran que continuara su viaje científico y político hacia Oriente Próximo. Así, partió del reino alauí y llegó a la ciudad libia de Trípoli a principios de noviembre de 1805; allí permaneció dos meses hasta que partió el 26 de enero de 1806 hacia Alejandría, pero una tormenta los sorprendió y los expedicionarios tuvieron que atracar en la isla de Chipre. Allí se relaciona con un tal Mr. Rich, hombre de negocios inglés destinado como presidente de la Compañía de Indias inglesa en Egipto. Este lo tomó como un espía inglés disfrazado de musulmán; Badía consciente de este hecho, reforzó con insinuaciones las sospechas de Mr. Rich para poder sacarle toda la información posible sobre las intenciones comerciales y económicas de Gran Bretaña.

Domingo Badía y Leblich, más conocido como Alí Bey, fue el primer occidental que, disfrazado de árabe, realizó operaciones de agente secreto en tierras musulmanas. De esta manera se convirtió en un antecedente del británico Lawrence de Arabia. Reportaje sobre «Alí-Bey el Abbassí» en el número 318 de la *Revista Ilustrada Jorba,* 1936.

Con toda la información recabada, Alí Bey marcha hacia Egipto, donde se une a una caravana de peregrinos hacia La Meca; de esta manera se convirtió en uno de los primeros europeos que consiguió visitar la ciudad sagrada musulmana en la actual Arabia Saudí. De toda esta expedición, Alí Bey fue recogiendo puntual información geográfica, científica, antropológica, económica y política de los distintos lugares que visitó, lo que fue una gran fuente de conocimiento de una parte del mundo de la que Occidente tenía muy escasa información, y la que poseía era muy poco fiable. Desgraciadamente, los acontecimientos políticos que rodearon la llegada de Badía a París en abril de 1808 habían dejado a su país en manos de los franceses. Así pues, toda la preciosa información que traía de los países árabes el espía catalán fue utilizada por Francia posteriormente, ya que, al presentarse el espía barcelonés al rey español Carlos IV, este le ordenó que se pusiera a las órdenes del emperador francés. Así pues, Badía regresó a Madrid con el rey José I, quien lo nombré intendente de Segovia en 1808 y, en 1810, prefecto de Córdoba. El 1812 abandonó España para no volver jamás.

## EL ESPIONAJE EN LA GUERRA DE LA INDEPENDENCIA ESPAÑOLA

En la guerra de la Independencia española, que inició el declive de la hegemonía napoleónica en Europa, se estableció por primera vez en España la creación de un servicio de inteligencia militar para el territorio español. La organización de este servicio de información español fue creada por don Eusebio Bardaxí y Azara, secretario de Estado y superintendente general de Correos y Postas de España e Indias en 1808. Este último cargo fue el que le permitió organizar las redes para el establecimiento del servicio secreto, ya que se servía de los postillones y de los maestros de postas para la transmisión de información en territorio enemigo; la red llegó incluso a internarse en Francia.

El rey español Carlos IV no dio permiso para provocar una revuelta de los bajás de Marruecos contra el sultán de esas tierras. Esta determinación acabó con la misión de espionaje de Alí Bey, encomendada por el príncipe de la Paz, Manuel Godoy. Francisco de Goya, *Retrato de Carlos IV de rojo,* c. 1789. Museo del Prado, Madrid.

Este servicio de espionaje español se organizó en dos ramas fundamentales coordinadas por el servicio de Postas. Por un lado, la red militar; por otro, los *comisionados,* que eran agentes diseminados por todo el territorio nacional con la misión de obtener datos y la transmisión de informes. En cuanto a la red militar, la Junta Suprema Central, organismo regente español durante la ocupación francesa, instó a los mandos militares a que estimularan la obtención de información necesaria para el éxito de sus operaciones militares; no debían escatimar en gastos a la hora de procurarse las noticias sobre las posiciones, planes y estado de las tropas enemigas, valiéndose de espías de confianza, comprando los secretos del enemigo e intentando ganarse la adhesión de sus mandos. Toda esta información debía ser comunicada a dicha Junta Suprema. Tal intento de soborno de los mandos militares franceses no llegó a buen puerto, pero sí obtuvo algún éxito, como en el caso del juez de Policía de Barcelona, Ramón Casanobas, al servicio de los franceses, quien fue sobornado para que facilitara pasaportes a los agentes secretos españoles con el fin de que pudieran libremente espiar por la plaza ocupada.

Por otro lado, la verdadera red del servicio de información de la Junta la constituían los *comisionados,* que cubrían el territorio nacional haciéndose acopio de los informes emitidos por los diversos agentes bajo su jurisdicción, desplegados por el territorio propio y el ocupado por el ejército francés. Estos comisionados enviaban sus mensajes tanto en lenguaje llano, es decir, sin codificar, como encriptados con un cifrado simple de sustitución de las letras del alfabeto latino por distintos signos; asimismo, algunos nombres propios tenían su propio signo codificado, como, por ejemplo, Napoleón I, José I, el mariscal Soult...; el segundo sistema cifrado utilizado por las redes de espionaje era musical, es decir, utilizaba partituras codificadas, en las que cada letra del alfabeto se correspondía con una nota musical.

Con todo, estas acciones de obtención de información y cifrado de la misma, a pesar de los indudables resultados positivos que obtuvieron, no son los hechos más llamativos, curiosos y sobresalientes que realizaron las redes de espías de la Junta Central Suprema. Las misiones encubiertas más bizarras llevadas a cabo por el servicio de espionaje español fueron los intentos por liberar de su encierro en la ciudad francesa de Valençay al futuro rey español Fernando VII; todos ellos, obviamente, fracasados estrepitosamente. Entre estos destacan las intentonas de don Ventura Malibrán en 1808, que fue detenido por las autoridades locales de Oliana, municipio de la provincia española de Lérida; ante esta circunstancia, tuvo que identificarse, por lo que la acción fue abortada. Ese mismo año, el día 24 de diciembre, se le encomendó tan ardua misión a Antonio Miguel y Forté, que también fracasó en el empeño aunque, tras un periplo interminable por Europa, consiguió llegar al pueblo francés de Saint Aignau, a pocos kilómetros de Valençay. Este espía comisionado consiguió enviar informes acerca de la situación en la que se encontraba Fernando VII; en dicha información explicaba cómo se había desterrado de Valençay a toda la servidumbre del rey español y en su lugar habían elegido a una nuevo servicio enteramente compuesto por franceses, entre los que estaba el yerno del prefecto de policía Louis Nicolas Dubois.

Esta vigilancia a la que estaba sometido Fernando VII imposibilitaba toda posibilidad de liberación del monarca; aun así, desde España se ideó una intentona más, la de Pedro Jordán de Urries, marqués de Ayerbe, en 1809, que consistía en llevar a una serie de agentes españoles provistos de dinero para sobornar a los vigilantes franceses con el fin de que liberaran al rey

La ausencia de un rey en la España ocupada por las tropas napoleónicas empujó a la Junta Central Suprema a tomar unas medidas tan drásticas como intentar liberar al futuro rey español Fernando VII de su cautiverio en Valençay. Para llevarlo a cabo los servicios de inteligencia españoles organizaron diversas acciones secretas encubiertas que fracasaron estrepitosamente. Francisco de Goya, *Retrato de Fernando VII con manto real,* 1814. Museo del Prado, Madrid.

español; después, la expedición compraría unos caballos y marcharía hacia la ciudad francesa de Nantes, donde embarcaría en una nave que la pusiera a salvo en territorio español. Sin embargo, el plan definitivo cambió radicalmente. El marqués de Ayerbe salió disfrazado de La Coruña en junio de 1810, acompañado por el capitán inglés Joseph Wanestron y del párroco del pueblo riojano de Ezcaray, Felipe Barrio, junto con dos criados. La intentona fracasó porque al llegar al pueblo orensano de Verín fueron asaltados, robados y asesinados por dos soldados españoles.

## EL ESPIONAJE EN LOS ORÍGENES DE ESTADOS UNIDOS

Con la firma de la Declaración de Independencia el 4 de julio de 1776, empezó de manera oficial la Guerra de la Independencia de Estados Unidos, aunque los conflictos se iniciaron años antes, en el preludio del motín del té en Boston, el 16 de diciembre de 1773. El injusto trato del Gobierno de Gran Bretaña a los habitantes de las Trece Colonias hizo que estos se levantaran en armas. La guerra entablada entre los colonos norteamericanos y los británicos, que conformaban un ejército profesional, era un combate desigual. El que acabaría por ser primer presidente de la República de Estados Unidos, George Washington, fue consciente de la importancia que revestía el espionaje para el triunfo final contra las tropas británicas. Esta relevancia dada por Washington al espionaje se cristalizó en el Segundo Congreso Continental, cuando en 1775 se reunieron por segunda vez los delegados de las Trece Colonias y acordaron el 10 de septiembre de ese año la creación de un Comité Secreto para la inteligencia interior, un Comité de Correspondencia Secreta para la inteligencia externa y un Comité de Espías para la captación de agentes dentro de los miembros del movimiento patriótico. De entre estos comités, el único que actuaba como una verdadera agencia de inteligencia era el Comité de Correspondencia Secreta. Entre los primeros miembros de este comité se encontraban individuos de la valía de Benjamin Franklin, Benjamin Harrison, Thomas Johnson y James Lovell, que estaba encargado de los códigos y las cifras para los mensajes secretos, por lo que es considerado este antiguo profesor el padre del criptoanálisis estadounidense. Entre las funciones de este comité, que eran las propias de un Ministerio de Asuntos Exteriores, estaban, además de las de la organización de la diplomacia externa del Congreso estadounidense, el empleo de agentes secretos en el extranjero, la realización de operaciones encubiertas, el cifrado y la ruptura de códigos encriptados, el control de la correspondencia privada, el análisis de publicaciones extranjeras, así como el establecimiento de un sistema de correo. De entre los miembros de este comité, el más activo fue el famoso inventor Benjamin Franklin, que se embarcó en una campaña secreta para conseguir apoyo para los ideales revolucionarios de las colonias; así, durante el mes de diciembre del año 1775, se carteó con el infante Gabriel de Borbón, hijo del rey español Carlos III, insistiéndole en las ventajas de una alianza entre España y la nueva república americana. Esta misma alianza la buscó entre los partidarios franceses de la independencia americana, iniciando así la diplomacia para la que fue constituido el Comité de Correspondencia Secreta. Según fueron ampliándose sus tareas diplomáticas, dicho comité cambió su nombre en 1777 por el de Comité de Asuntos Exteriores.

En el terreno puramente militar, Washington hizo un uso muy eficaz del espionaje. En la crucial batalla de Trenton, que tuvo lugar en Nueva Jersey el 26 de

El general George Washington dio mucha importancia al espionaje durante la guerra de la Independencia estadounidense; por ello llegó a destinar el 12 % del presupuesto federal al servicio de inteligencia en el año 1792. Gilbert Stuart, *Retrato Landsdowne de George Washington,* 1796-1797. Casa Blanca, Washington.

diciembre de 1776, aportó un papel fundamental para la victoria de los revolucionarios estadounidenses la labor de un espía bajo el mando de Washington llamado John Honeyman. Este actuó como un agente doble, ya que dio falsos informes a las tropas mercenarias alemanas que luchaban bajo pabellón británico en los que aseguraba que las tropas revolucionarias estaban muy debilitadas y que, por lo tanto, no atacarían en las fechas navideñas. Sin embargo, a Washington le aportó la información que había recabado en el campamento de los soldados procedentes de la ciudad alemana de Hesse. Según estos informes, las tropas alemanas beberían alcohol durante la festividad de la Navidad, por ello no estarían preparadas para afrontar la embestida de los revolucionarios de Washington. De esta manera, el ejército revolucionario aprovechó esta ocasión para ganar una de las batallas más importantes de la Guerra de la Independencia de Estados Unidos.

No obstante, la inteligencia de las tropas revolucionarias también tuvo a lo largo de la guerra algunos errores notables. Uno de los más destacados fue la captación del general Benedict Arnold por parte del ejército británico. Este general, desencantado del ejército revolucionario por haber sido acusado de malversación de fondos, decidió entregar West Point, academia militar de la que él era el director en 1780, al ejército británico. La rendición de la academia la pactó con el general sir Henry Clinton a través del jefe del servicio secreto británico, el mayor John André, a cambio de 20.000 libras. Tras el ataque de las tropas de Clinton, West Point se rendiría incondicionalmente. Al pasar Benedict Arnold a las filas de los británicos, fue mucha la información que les proporcionó. Dicha comunicación era transmitida a través de su segunda mujer, Peggy Arnold, que actuaba como una verdadera espía junto a su marido a favor de los británicos al enviar secretos militares al jefe del servicio de espionaje británico, el mayor John André. Este último fue capturado con documentación falsa proporcionada por Benedict Arnold y condenado a la horca por espía tras un consejo de guerra el 2 de octubre de 1780. Por su parte, Benedict Arnold, al ser conocida su traición, huyó a Nueva York, donde se puso a las órdenes del general Clinton, que lo nombró brigadier general, cargo con el que siguió luchando al lado de los británicos. Cuando acabó la guerra. Arnold y su familia se marcharon a Londres.

También fue condenado a la horca por espionaje, esta vez a favor del bando revolucionario, Nathan Hale, un capitán del bando independentista estadounidense que se distinguió como un eficaz y valeroso espía. Durante la batalla de Long Island, en 1776, los británicos capturaron la ciudad de Nueva York. En septiembre de ese mismo año, el capitán Hale se ofreció voluntario para atravesar las líneas enemigas e infiltrarse en su retaguardia para obtener información sobre las fuerzas británicas. El 21 de septiembre se produjo un gran incendio en Nueva York, que fue atribuido a saboteadores revolucionarios. Las tropas británicas realizaron importantes redadas para detener a los presuntos saboteadores. En una de ellas, el mayor Robert Rogers reconoció a Nathan Hale en una taberna, a pesar de que estaba disfrazado. Al alba del día 22 de septiembre de 1776, Nathan Hale fue condenado a morir en la horca.

## Espionaje e inteligencia en la Guerra Civil estadounidense

La joven nación estadounidense tuvo que afrontar otra grave crisis en el año 1861. Las diferencias sociales, políticas y económicas entre el Norte y el Sur desembocaron en una guerra civil que tuvo lugar desde 1861 hasta 1865.

Benedict Arnold encarna la esencia del traidor para el pueblo estadounidense. Su transfuguismo, al pasar de las tropas revolucionarias a las británicas, conllevó un grave problema para la inteligencia de los independentistas, porque mucha información cayó en manos de los británicos. H. B. Hall, *Benedict Arnold,* 1879, grabado. National Archives and Records Administration, Maryland, Estados Unidos.

A pesar de la importancia que se le concedió al espionaje para el desarrollo de las batallas, este estaba aún muy poco desarrollado, muy lejos del alcance conseguido por las redes de inteligencia del Viejo Continente. Como fuentes de información se utilizaban agentes de campo que podían atravesar los grandes territorios estadounidenses; los contrabandistas y los esclavos liberados del Sur también eran las fuentes de información primarias para los ejércitos de la Unión.

Además, el presidente Abraham Lincoln carecía de experiencia en materia militar y de espionaje, por lo que tuvo que delegar en sus colaboradores para establecer una red de espías a favor de los unionistas. Así pues, recurrió al general George B. McClellan, que había sido directivo del sector ferroviario. Durante esta etapa había colaborado con Allan Pinkerton, el director de la empresa de detectives Pinkerton and Company. La empresa ferroviaria en la que trabajaba McClellan contrató los servicios de Pinkerton en 1855 para vigilar y prever los posibles sabotajes que se pudieran producir contra los ferrocarriles y las obras de la vía férrea. Al estallar la Guerra Civil, Pinkerton se encargó del Servicio Secreto de la Unión. Entre sus principales logros se le atribuye haber abortado un sabotaje sudista que pretendía acabar con la vida del presidente Lincoln. Un papel fundamental en esta operación lo tuvo Timothy Webster, uno de los agentes de Pinkerton. Dicho agente obtuvo información acerca de una red de conspiradores que planeaban asesinar a Lincoln durante su viaje a Washington para la inauguración del ferrocarril. El magnicidio se llevaría a cabo en Baltimore, donde los conspiradores simularían una pelea que despistaría a los hombres del presidente; momento que aprovecharían para llevar a cabo el asesinato. Pinkerton, conocedor del complot, decidió sabiamente cambiar los horarios del viaje del presidente.

Otro gran espía a las órdenes del ejército de la Unión fue Lafayette Curry Baker. Durante la Guerra Civil recabó importante información para el general

El asesinato de Abraham Lincoln, perpetrado por John
Wilkes Booth el 14 de abril de 1865. A pesar de lo
traumático que fue para el pueblo estadounidense, fue un
gran espaldarazo a la empresa de detectives fundada por Allan
Pinkerton, ya que sus servicios secretos habían abortado un
conato de atentado previo. Fotografía de Allan Pinkerton
(primero por la izquierda), Abraham Lincoln y el general
McClernand en Antietam, Estados Unidos, tomada por
Alexander Gardner; de *Civil War photographs (1861-1865);*
3 de octubre de 1862, Biblioteca del Congreso, Washington.

Winfield Scott sobre las fuerzas confederadas de Virginia. Sin embargo, su acción más importante no tuvo nada que ver con el espionaje militar, sino con los servicios secretos policiales, ya que tras el asesinato de Abraham Lincoln el 15 de abril de 1865, se le encargó a Baker capturar a los asesinos. Rápidamente sus agentes en Maryland realizaron cuatro arrestos y obtuvieron el nombre de los conspiradores, entre los que estaban el autor material del magnicidio, John Wilkes Booth, y Mary E. Jenkins Surratt, la primera mujer ejecutada por el Gobierno Federal de Estados Unidos en la horca, el 7 de julio de 1865.

Uno de los espías más curiosos de entre los partidarios de la Unión fue una mujer: Sarah Emma Edmonds. Esta canadiense huyó de su tierra vestida como un hombre y como tal se instaló en Estados Unidos. Durante la Guerra Civil se enroló en el 2º de Infantería de Michigan con el nombre de Franklin Flint Thompson. Como tal sirvió de espía al servicio de los unionistas. Para recabar información, se adentraba en el territorio enemigo disfrazada de los más diversos personajes, una vez como un hombre de color de nombre llamado Cuff; otra, como una vendedora irlandesa llamada Bridget O'Shea, que afirmaba vender manzanas y jabones para los soldados, a los que les sacaba toda la información posible sobre las actuaciones del ejército de los confederados; llegó incluso a hacerse pasar por una lavandera de color y como tal llegó a hacerse con documentos oficiales de los confederados, que al punto entregó a los mandos de la Unión. Las correrías como espía de Franklin F. Thompson, el *alter ego* de Sarah Emma Edmonds, acabaron cuando la valiente unionista enfermó de malaria, por lo que tuvo que abandonar el ejército para que no se descubriera su verdadera identidad. Una vez curada se presentó voluntaria, ya con su verdadero nombre, como enfermera en el hospital de Washington para ayudar a los soldados heridos.

El papel de las mujeres estadounidenses en la inteligencia militar durante la Guerra Civil, fue de un enorme valor. Entre los elementos tan rudimentarios de espionaje que usaron para recabar información del enemigo estaba la utilización de disfraces con las más diversas caracterizaciones. El caso más extraordinario de todos fue el de la camaleónica espía unionista Sarah Emma Edmonds. «Sarah Emma Edmonds», ilustración de *Nurse and Spy in the Union Army,* 1864; Filadelfia.

Los Estados Confederados, como es natural, también contaron con sus propios espías. Un elemento fundamental en el desarrollo del espionaje en el ejército de la Confederación fue la destacada labor de las mujeres que arriesgaron su vida por los ideales sudistas; entre estas sobresalen Belle Boyd y Rose O'Neal Greenhow, a la que se le atribuye en gran parte la victoria de la primera batalla de Manassas, también conocida como Bull Run, en Virginia, al haber enviado información secreta en julio de 1861 al general P. G. T. Beauregard sobre la estrategia que habría de seguirse y la composición del ejército de la Unión, comandado por el general Irvin McDowell. Por su parte, Belle Boyd se inició en el espionaje tras haber disparado a un miembro de una patrulla de unionistas que había izado la bandera de la Unión en la casa de los Boyd. Fue juzgada por ello pero se alegó en el juicio que defendió su honor y el de su madre ante los soldados que actuaron bajo los efectos del alcohol. No fue condenada, pero el edificio familiar quedó como cuartel general de los unionistas bajo vigilancia de una patrulla a las órdenes del capitán de la Unión Daniel Kelly. Belle se ganó con sus encantos al capitán y consiguió sacarle valiosa información que era enviada mediante su esclava Eliza Hopewell a los oficiales confederados. Belle Boyd llegó incluso a espiar al general de los unionistas James Shields, y a su Estado Mayor cuando se reunieron en la casa de los Boyd. Belle se escondió en un armario de la habitación donde estaban los militares unionistas reunidos y a través de un pequeño agujero escuchó todo lo que se dijo en la sesión; al punto tomó nota de todo lo expuesto y lo cifró en una carta. Por la noche salió hacia las líneas confederadas y le dio toda la información al coronel sudista Turner Ashley sobre los planes de guerra de la Unión proyectados para la batalla de Fort Royal en Virginia, Estados Unidos; esta se saldó con la victoria para los confederados gracias, en cierta medida, a la acción de Belle Boyd.

La labor como espía sudista de Maria Isabella (o Isabella Marie) Boyd, más conocida como Belle Boyd, no se circunscribió solamente al territorio estadounidense, sino que, después de salir de prisión, en 1864 fue enviada al Reino Unido en misiones diplomáticas como correo del Servicio Secreto Confederado. «Fotografía de Belle Boyd», h. 1860. Brady-Handy Photograph Collection, Biblioteca del Congreso, Washington.

## Wilhelm Stieber: «El rey de los sabuesos» de Bismarck

Si la Francia de Napoleón fundamentó su red de inteligencia en la genialidad de un maestro de espías como Joseph Fouché, la Prusia de Guillermo I y de Bismarck dispondrá de una figura del espionaje que se halla a la altura de los más grandes espías de la historia: Wilhelm Johann Karl Eduard Stieber. Este prusiano nacido en Moseburg, en la actual Alemania, en 1818, comenzó su carrera profesional como jurista en Berlín. En calidad de abogado, empezó a realizar un doble juego en el que, a la par que defendía a sus clientes, ofrecía información secreta a la policía. Estos servicios hicieron que ingresara en 1844 en la sección de la policía judicial de la ciudad berlinesa. Desde su nueva posición, se dedicó a actividades de espionaje político para erradicar a los grupos socialistas, seguidores del alemán Karl Marx, que operaban desde la Revolución de marzo de 1848 en Berlín. Con este mismo cometido fue enviado a París en 1851, para que se infiltrara, haciéndose pasar por un prusiano desterrado, entre los socialistas de la capital francesa y así poderles sonsacar los nombres de sus compañeros en Prusia. Estos últimos fueron detenidos en masa con los informes que realizó Stieber al desenmascararlos.

A pesar de todos sus indudables éxitos, Stieber cayó en desgracia y fue retirado de su cargo policial tras un proceso judicial. Sin embargo, el espía prusiano siguió con sus actividades en la Rusia zarista, donde reorganizó la Sección Extranjera de los servicios secretos rusos, la Okhrana. Para esta organización zarista recabó información por toda Europa, a comienzos de 1861, pero no dejó de realizar informes a favor de su patria, porque en su fuero interno albergaba la posibilidad de volver a trabajar para Prusia. La ocasión no llegó tarde. En 1862 fue nombrado primer ministro de Prusia Otto von

Otto Eduard Leopold von Bismarck era consciente de
la importancia que tenía la inteligencia militar para la
consecución de su idea de la Confederación Alemana del
Norte, de la que fue canciller desde 1867 hasta 1871, y para
la necesidad de aislar a Francia. Para ello no dudó en contar
con la red internacional de espías del llamado por él «el Rey
de los sabuesos», Wilhelm Stieber.

Bismarck, y de su mano le llegó la gran oportunidad
a Stieber, porque se le convirtió en jefe de la Sección
de Seguridad de la policía berlinesa. El nuevo jefe

policial dotó de una organización militar a la policía bajo su cargo, convirtiéndola así en un órgano más eficiente. Estas mejoras consiguieron que Stieber tuviera el encargo de crear la Central-Nachrichtenbüro, la Oficina Central de Informaciones, dependiente del Ministerio de Asuntos Exteriores. Este fue su centro para el espionaje internacional. Todo ello fue apoyado por Bismarck porque tenía entre sus pretensiones formar un poderoso ejército para llevar a cabo una política de unificación de los territorios alemanes. Para ello necesitaba valerse de una importante red de inteligencia. Este entramado de espionaje a las órdenes de Stieber contribuyó enormemente al éxito militar de Bismarck. Uno de los principales objetivos en la estrategia político-militar de este era Austria. Stieber no dudó en partir personalmente hacia ese país disfrazado de vendedor ambulante con el fin de recabar toda la información que pudiera; en sus informes daba cumplida cuenta del poderío del ejército austriaco y de las zonas más vulnerables de dicho país. La red de sus agentes se extendió por toda Europa y creció hasta tal punto que sólo en Francia operaban unos cuatro mil agentes a sus órdenes. Estos agentes llegaron a espiar al propio ministro de Asuntos Exteriores francés, Jules Favre, en Versalles, cuando firmó la paz con Bismarck el 28 de junio de 1871. El Canciller de Hierro, como se conocía a Bismarck, era conocedor de todos los movimientos, conversaciones y comunicaciones que partían de Favre puntualmente, porque le eran enviadas por los hombres bajo el mando de su «Rey de los sabuesos» como llamaba a su jefe y maestro de espías, Wilhelm Stieber.

# 4

# La internacionalización de los espías: la Primera Guerra Mundial

## Introducción

El ambiente prebélico que se vive en la Europa de finales del siglo XIX y comienzos del XX hará que se extienda el uso de las redes de espionaje de una manera globalizada por todo el mundo. De unos servicios de inteligencia militares poco profesionalizados y de escasa preparación, se pasará a organizaciones de espionaje cada vez más especializadas. Se pondrán al servicio de los espías militares los avances de la técnica, tanto los ya consagrados –como la fotografía, el telégrafo o el teléfono– hasta los más recientes, como el radiotelégrafo, que mejoró en gran manera la comunicación militar pero, a la vez, supuso un mayor riesgo debido a que la información transmitida podía ser más fácilmente interceptada por el enemigo; no obstante, de esta manera se redujo la siempre peligrosa utilización de mensajeros.

En Europa habrá, incluso antes de la Gran Guerra, una verdadera obsesión por el espionaje; todo el mundo se sentirá observado, vigilado; cualquier persona será sospechosa de ser un espía del país enemigo. En este juego del espionaje será fundamental la labor de los civiles; por todo ello, esta época convulsa del mundo verá el nacimiento y desarrollo de los servicios de inteligencia que marcarán la historia del espionaje en un futuro.

## GUERRA DE ESPIONAJES EN EL DESASTRE DEL 98

Dos acontecimientos aceleraron que Estados Unidos tomara la decisión de declarar la guerra a España en 1898. Uno de ellos fue la voladura del *USS Maine* en la bahía de La Habana, el 15 de febrero de 1898, acción que fue achacada a saboteadores españoles y que nunca fue demostrada; el otro fue la interceptación por parte de miembros de la insurgencia cubana de una carta del embajador español, Enrique Dupuy de Lôme, a José Canalejas, el futuro presidente del Gobierno español, en la cual se menospreciaba al presidente estadounidense William Mckinley, llamándole débil, populachero y, además, politicastro.

La carta fue vendida por el insurgente Horatio S. Rubens al *New York Journal,* del magnate William Randolph Hearst, que publicó un editorial calificando la misiva como «el mayor insulto a Estados Unidos en toda su historia». El 19 de abril de 1898, el Congreso estadounidense declaró oficialmente la guerra a España. A partir de ese momento, la delegación diplomática tuvo que marcharse de Cuba, pero no regresó todo el personal a España, sino que una parte se trasladó a

Canadá. Entre estos funcionarios estaba el teniente de navío Ramón de Carranza y Fernández de la Reguera, que se ocupaba de los servicios secretos españoles en la contienda.

Se cree que el hundimiento del *Maine* fue una maniobra encubierta y orquestada por Estados Unidos para provocar e iniciar la guerra contra España con el fin de acabar con el dominio español en Cuba. Este acontecimiento fue totalmente manipulado por la prensa amarillista de Wiliam Randolph Hearst. Fotografía del hundimiento del *Maine,* primera página del New York Journal del 17 de febrero de 1898.

La red de espionaje del militar español le dio al joven servicio secreto de la Oficina de Inteligencia Naval estadounidense, creada en 1862, la oportunidad de desarrollar tareas de contraespionaje, llevadas a cabo por el jefe del servicio secreto estadounidense John E. Wilkie. Este consiguió, aparte de capturar a agentes que trabajaban para el espía español, acusar a Carranza de espionaje ante las autoridades británicas en Canadá mediante un subterfugio. Al conocer que el teniente de navío se carteaba con sus agentes, Wilkie consiguió registrar la casa de Carranza en Montreal cuando este estaba ausente. Allí encontró una carta comprometedora, que probablemente fuera falsa o al menos manipulada por los agentes estadounidenses. Esta fue la prueba que necesitaba el servicio secreto de Wilkie para pedirles la expulsión de Carranza de Canadá a las autoridades británicas, que accedieron a dicha petición.

Sin embargo, Ramón de Carranza no salió del país, sino que lo atravesó de Este a Oeste hasta llegar a Vancouver. El viaje lo hizo solo, disfrazado y ocultándose de los policías británicos y de los posibles agentes estadounidenses de Wilkie. Asimismo, maquinaba un plan, sin duda el más osado de todos los que ejecutaron los servicios secretos en la guerra de Cuba. Carranza pretendía adquirir un navío, armarlo y dedicarse con él a atacar los barcos estadounidenses que traficaban desde Alaska. La tripulación estaría compuesta por todos los marineros civiles que habían sido apresados por los estadounidenses, ya que estos no estaban encarcelados sino bajo la custodia del cónsul del Imperio austrohúngaro en Nueva York, que colaboraría con esta acción encubierta. Estos marineros saldrían de Nueva York en dirección a la ciudad canadiense de Halifax; una vez allí, unos marcharían hacia España, pero otros, los que constituirían la tripulación, irían a Vancouver. Carranza, tras examinar varios barcos, apalabró al final el vapor ruso *Amur*.

Para armar al buque adquirió dos cañones, encargó revólveres y rifles Winchester y compró treinta sables simulando que eran para una obra teatral. Toda esta actividad llamó la atención de los servicios de espionaje estadounidenses que recomendaron la llegada de dos cruceros, el *Wheeling* y el *Bennington*, para la vigilancia de la costa norte del Pacífico. Sin embargo, el proyecto secreto de Ramón de Carranza fracasó porque la prensa estadounidense presionó al consulado austrohúngaro en Nueva York, y su titular, al temer que pudiera ser descubierto, decidió trasladar a todos los marineros españoles prisioneros a España. De esta manera Carranza tuvo que abortar su plan al no poder contar con suficiente tripulación.

Por su parte, también tenía Estados Unidos agentes desplegados por España, pero sus efectivos carecían de toda preparación profesional. Así, por ejemplo, un agente secreto de la Oficina de Inteligencia Naval estadounidense, llamado Edward Breck, según su propio testimonio, tenía en cada puerto español un agente secreto de Estados Unidos preparado para recabar toda la información posible sobre las defensas españolas. Sin embargo, estos informes dados por este espía no dejan de ser verdaderas exageraciones, puesto que Estados Unidos no tenía una red tan importante de agentes secretos en España a finales el siglo XIX, como lo demuestra la falta de información que tuvieron los servicios secretos navales cuando zarpó la escuadra del almirante español Pascual Cervera y Topete, constituida por cinco cruceros y cuatro destructores. Los agentes secretos estadounidenses se limitaron a informar de la llegada de la expedición cuando arribó a Santiago de Cuba.

## De la Okhrana a la Cheka: el espionaje ruso

Sin embargo, en contraposición a un espionaje tan poco preparado como el que mostraron Estados Unidos y España en la Guerra hispano-estadounidense de 1898, la Rusia de los zares disponía de un servicio de inteligencia eficaz como pocos: la Okhrana. Esta organización se creó el 14 de agosto de 1881 como consecuencia del asesinato del zar Alejandro II de Rusia el 13 de marzo de ese mismo año. Su primera misión fundamental fue garantizar la seguridad de la familia imperial, pero también actuaría como policía secreta cuyo objetivo era principalmente político, es decir, la represión de todos los movimientos revolucionarios, encabezados por los grupos anarquistas y socialistas. Asimismo, sus funciones se dirigieron también hacia el espionaje y el contraespionaje militar, entre cuyos objetivos estaba fundamentalmente Alemania y el Imperio austrohúngaro, Gran Bretaña y Francia.

En la capital francesa, las oficinas de la Okhrana se ubicaron en el consulado imperial ruso. Desde allí se centralizaba la información obtenida desde otros centros de espionaje ruso como el que se estableció en Berlín. Como muchos de los revolucionarios rusos tenían contactos en París y otras ciudades europeas, la vigilancia de los asentados en dicha urbe conducía a los agentes de la Okhrana a los que vivían fuera de Francia; también controlaban a los emigrados llegados de Rusia, los centros de conspiradores y a los falsificadores de documentos y pasaportes, a los especialistas en artefactos explosivos y a los rusos que tenían relaciones con las organizaciones socialistas europeas. Por todo ello, la Okhrana era conocida como la «policía europea».

En el terreno del espionaje internacional, uno de los mayores éxitos de la organización secreta fue captar para sus filas al coronel austrohúngaro Alfred Redl, que actuó como agente doble, como veremos más adelante.

Evno Azev encarnó la imagen del perfecto agente doble que operaba a la vez para los revolucionarios bolcheviques, mientras los traicionaba al ser un agente secreto de la Okhrana. Autor desconocido, fotografía de Evno Azev, h. 1905.

Uno de los miembros de la Okhrana representó perfectamente y sin parangón alguno ese papel de agente doble: Evno Azev. Su carrera como espía empieza en 1893, cuando entra en la Sección Extranjera de la Okhrana y comienza a colaborar a su vez con los medios revolucionarios rusos emigrados. Mientras aleccionaba a sus correligionarios socialistas, enviaba listas denunciándolos a sus superiores en la Okhrana. Aun así consiguió ser uno de los líderes de la Organización de Combate de los socialistas revolucionarios. En ese cargo convenció a sus compañeros de la necesidad de llevar a cabo un golpe de efecto devastador: preparar un atentado para acabar con la vida del odioso ministro de la policía zarista, Vyacheslav Konstantinovich von Plehve, que había sobrevivido a otros atentados en 1902 y 1903. El magnicidio tuvo lugar en San Petersburgo el 15 de julio de 1904. La bomba que mató a Plehve fue arrojada por uno de los hombres de Azev, Yegor Sozonov.

Fueron ajusticiados todos los implicados menos uno, el cerebro de la operación, Azev, cuyos nombres en clave para la Okhrana eran agente «Filipovich» o «Renski». Los informes que este dio a la Okhrana previos al atentado, el día 7 de julio, mentían al afirmar que los terroristas no podían realizar ningún atentado porque carecían de artefactos explosivos para ejecutarlo. El doble juego de Azev continuó. Siguió organizando atentados para la organización revolucionaria que dirigía y a su vez abortándolos al dar puntual información a los miembros de la Okhrana, como ocurrió en los atentados fallidos contra el Gran Duque Vladimir Alexandrovich Romanov y el del gobernador de San Petersburgo Nicolai Vasilievich Kleigels, ambos realizados en 1905. Sin embargo, no fue fallido el que se perpetró contra el gran duque Sergio Romanov, que acabó con su vida en Moscú el 17 de febrero de ese mismo año. Finalmente, descubierto por los revolucionarios gracias a una red de contraespionaje creada por Vladimir Burtsev dentro del partido socialista, a principios de 1914 Azev tuvo que refugiarse en Berlín. En la capital alemana murió el 24 de abril de 1918.

Entre las funciones que adquirió la Okhrana, como policía política de la Rusia zarista, tenía la de controlar a todos los elementos revolucionarios contrarios a dicho régimen. Por sus terribles cárceles pasaron miembros bolcheviques como Iosif Stalin, Leon Trotski o Felix Dzerzhinski. Ilia Repin, *Arresto de un propagandista,* 1892. Galería Estatal Tretiakov, Moscú.

En los preámbulos de la Gran Guerra, como se llamó a la Primera Guerra Mundial, la Okhrana también se ocupaba del reclutamiento de agentes en las distintas capitales europeas, que se ponían a las órdenes de los agregados militares que dirigían el espionaje militar. El servicio secreto ruso utilizó las mismas estrategias de la Okhrana al intentar corromper a los altos mandatarios de los distintos países extranjeros para que les transmitieran información militar relevante. Mediante estos métodos consiguieron los planos secretos de la línea de defensa alemana del Este. Sin embargo, el servicio secreto alemán, el 3-B, consiguió que el ministro de Guerra ruso, el general Vladimir Sukhomlinov, colaborara con ellos al falsificar informes sobre las fuerzas germanas y sobre los suministros de guerra para las tropas rusas, lo que condujo al fracaso del ejército ruso ante el alemán en el frente del Este durante el año 1915.

La antigua Okhrana tuvo como heredera a la Cheka, la policía secreta del régimen bolchevique, cuyo primer director, el polaco Felix Dzerzhinski, se caracterizó por su dureza así como por su eficacia en dicho puesto. Yergeni Katsman, *Retrato de Felix Dzerzhinski,* 1923. Galería Estatal Tretiakov, Moscú.

El desgaste de la guerra y la situación económica y social que produjo el conflicto mundial en el Imperio ruso tuvo como consecuencia en primera instancia la revolución de 1917, con la caída del régimen zarista en febrero bajo el mando de Alexandr Kerenski y, posteriormente, la toma del poder por parte de los bolcheviques liderados por Vladimir Ilich Ulianov, Lenin.

En marzo de 1918 se firmó el tratado de paz de Bretz-Litovsk, en la ciudad lituana del mismo nombre, entre los Imperios Centrales y sus aliados, por una parte, y el Gobierno bolchevique de la República Socialista de Rusia, de la que nacerá en 1922 la Unión de Repúblicas Socialistas Soviéticas (URSS). Ello supuso el fin de la antigua Okhrana, que fue sustituida el 20 de diciembre de 1917 por la Cheka, la primera de las organizaciones de inteligencia política y militar soviética, fundada por Felix Edmundovich Dzerzhinski, cuya función principal era acabar con todo intento contrarrevolucionario y de sabotaje contra el régimen bolchevique.

## EL EVIDENZ BUREAU AUSTROHÚNGARO Y SU AGENTE TRAIDOR: ALFRED REDL

El Imperio austrohúngaro estableció en 1850 un organismo de inteligencia conocido como Evidenz Bureau (o Evidenzbüro). Sus comienzos fueron muy modestos, con sólo una decena de oficiales, con escaso personal, sin apenas medios de investigación, pero con una gran efectividad. No obstante, a finales del siglo XIX, a causa de las tensiones entre las distintas potencias europeas, que provocaron una carrera armamentística entre 1905 y 1914 conocida como *paz armada,* el Evidenz Bureau experimentó un considerable desarrollo en sus medios y en sus dotaciones de personal al establecer varias secciones que se ocupaban de las distintas zonas del planeta: la Sección Rusa, la Sección Balcánica, la Sección Occidental, que se ocupaba de Alemania, Italia, Francia e Inglaterra, y una cuarta sección, la Sección que gestionaba la zona de Estados Unidos, Extremo Oriente y los países escandinavos.

Aun así, el Evidenz Bureau tuvo que enfrentarse a uno de los mayores escándalos del espionaje de la época: la traición de Alfred Redl. Este coronel del ejército austriaco llegó a ser el jefe de la sección de espionaje del Evidenz Bureau en 1910. En este cargo modernizó las técnicas de espionaje del Evidenz Bureau, así pudo conseguir innumerables éxitos en el terreno del contraespionaje desenmascarando a numerosos espías que trabajaban para los servicios secretos franceses y rusos. Por tanto, para la eficaz Okhrana rusa, Redl era un objetivo primordial para el espionaje ruso, ya que conocía la vida de lujo que llevaba el militar austrohúngaro en Viena, donde estaba destacado. La Okhrana, mediante su jefe de espionaje, el coronel Nikolai Stepanovich Batjuschin, descubrió que Redl era homosexual. Los servicios secreto rusos chantajearon al entonces mayor austrohúngaro por tal motivo para que se convirtiera en un topo para sus servicios; a cambio, mantendrían silencio sobre su homosexualidad y Redl recibiría grandes sumas de dinero que le permitirían seguir con su tren de vida.

El mayor Redl les comunicó a los rusos las fortificaciones austriacas y las listas de sus agentes que operaban en Rusia, incluso llegó a entregarles el llamado Plan III para la invasión austriaca de Serbia, lo que permitió que el ejército serbio estuviera preparado para la ofensiva cuando los austrohúngaros invadieron dicho país balcánico. Además, Redl intoxicó sus propias informaciones al mando austriaco al dar falsas estimaciones sobre el poder militar ruso.

En 1904 había grandes sospechas de que había agentes dobles trabajando para los rusos entre los oficiales del ejército austrohúngaro. El mando de dicho ejército encargó la investigación de contraespionaje a Alfred Redl.

La gran figura del espionaje austrohúngaro, Alfred Redl,
cayó en las redes de la Okhrana, que supo captarlo
aprovechándose de las debilidades de dicho espía, su vida
disoluta para la que necesitaba grandes sumas de dinero
y su probada homosexualidad. Fotografía de Alfred Redl
vistiendo el uniforme de coronel del Ejército austrohúngaro,
1913. Österrreichische Nationalbibliothek, Viena.

Este desenmascaró a tres agentes infiltrados: el teniente coronel Sigmund Hekailo, el mayor Ritter von Wienchowski y el capitán Alexander Acht, a los que pudo acusar de espías por los informes que le entregó su agente en el Estado Mayor ruso. Sin embargo, todos estos éxitos acabaron nueve años después, cuando el espionaje alemán dirigido por Walter Nicolai, jefe de la Sección 3-B del Alto Mando germano, que colaboraba con el Evidenz Bureau, interceptó una carta dirigida a un tal Nikos Nizetas en Viena que contenía una gran suma de dinero y direcciones de correos rusos. Esta información le fue transmitida al mayor Max Ronge, del servicio secreto austrohúngaro, que comprendió enseguida que estaba ante un caso de espionaje ruso en la capital austriaca.

Para desentrañar este complot, los agentes austriacos vigilaron los servicios de Correos con el objeto de destapar al espía Nikos Nizetas. Este fue puntualmente a recoger su recompensa; después se dirigió en un taxi al Hotel Klomser, en una de las calles más lujosas de Viena, la Herrengasse, n.º 19. Al preguntar los agentes secretos por el individuo que había llegado en un taxi al hotel, el recepcionista les respondió que era el coronel Alfred Redl. Todo estaba perdido para el espía del Evidenz Bureau; la evidencia de las pruebas era tan concluyente que, al ser informado el jefe del Alto Mando austriaco, el general Franz Conrad von Hötzendorff, ordenó la constitución inmediata de un tribunal militar. De todos modos, para evitar que se supiera que dentro de los mandos del ejército austrohúngaro había traidores, los encargados de arrestar a Redl, el coronel August Urbanski y el mayor Max Range, le dejaron un revólver con un solo proyectil. Alfred Redl se suicidó el 25 de junio de 1913.

## EL CASO DREYFUS

La obsesión existente en Europa por la presencia de espías por doquier a finales del siglo XIX condujo a graves errores de contraespionaje. Un ejemplo paradigmático fue el que se dio en Francia en el año 1894 con el llamado *affaire Dreyfus*. El capitán francés Albert Dreyfus, de origen judío, fue acusado de haber proporcionado información militar a los alemanes. La acusación se realizó a partir de las investigaciones de los agentes del Servicio de Inteligencia Militar, los cuales descubrieron que algún militar estaba dando información secreta sobre los nuevos avances en artillería al agregado militar alemán en París, Max von Schwartzkoppen. Dreyfus, capitán de artillería de origen alsaciano, fue acusado falsamente, degradado y condenado a cadena perpetua en la isla del Diablo, en la Guayana Francesa, tras un juicio celebrado en 1894.

En 1896 el jefe del servicio de contraespionaje francés, el coronel Georges Picquard, averiguó que el verdadero traidor era el comandante Ferdinand Walsin Esterházy, ya que en marzo de ese año un agente de los servicios secretos recuperó un telegrama dirigido por Schwartzkoppen a Esterházy que incriminaba a este último como el espía de los alemanes; sin embargo, el Alto Mando francés silenció a Picquard enviándolo a Túnez. Su sucesor, el comandante francés Hubert-Joseph Henry, al que se le comunicó en primera instancia la traición contra la seguridad francesa conocida por los informes que le había entregado Marie Bastian, un ama de llaves que trabajaba como agente infiltrada en la embajada alemana. Henry se dedicó a falsear una serie de documentos para inculpar a Dreyfus y así exonerar de toda culpa a su amigo y traidor Esterházy. Ante esta injusticia, la familia Dreyfus solicitó un nuevo juicio, porque el hermano de Albert, Mathieu

Dreyfus, denunció al verdadero espía ante el Ministerio de la Guerra. Esterházy salió absuelto. El escándalo se disparó entre los partidarios de Dreyfus y sus detractores; incluso intelectuales de la talla del escritor naturalista francés Émile Zola se implicaron a favor del militar condenado.

El *caso Dreyfus* descubrió un entramado de antisemitismo dentro del ejército francés encubierto con un caso de espionaje del que se culpó injustamente al capitán Alfred Dreyfus. El asunto tuvo tanta repercusión en Francia, que autores de la talla de Émile Zola se posicionaron del lado del imputado y tan enérgicamente contra el propio ejército que los llevó a la cárcel. *Degradación de Albert Dreyfus.* Imagen de *Le Petit Journal,* de 13 de enero de 1895, obra de Henri Meyer.

El verdadero espía del *affaire Dreyfus* fue un oscuro militar del ejército francés de origen húngaro llamado Ferdinad Walsin Esterházy que actuó como espía para el ejército alemán a cambio de dinero por las enormes deudas que había contraído. Caricatura de Esterházy aparecida en la revista *Vanity Fair*, 26 de mayo de 1898.

Con la llegada al Ministerio de Guerra de Godefroy Cavaignac, aun situándose éste como detractor de Dreyfus, se descubrió la falsedad de los documentos aportados por el comandante Henry y la culpabilidad de Esterházy en este caso de espionaje. Henry, interrogado por el propio ministro lo confiesa todo. Es puesto bajo arresto en la fortaleza de Mont-Valérien, cerca de París, donde se suicida cortándose el cuello con una navaja de afeitar. Por su parte, Esterházy, el espía traidor, consiguió huir a Londres. En 1899 se realiza un nuevo juicio en Rennes, Francia, en el que se le conmutó la pena a Alfred Dreyfus por diez años de trabajos forzados. Sin embargo, ese mismo año es indultado, pero no fue hasta 1906 cuando el Tribunal de Casación rehabilitó plenamente a Dreyfus en el ejército con el cargo de Jefe de Escuadrón, es decir, comandante.

## La guerra del servicio secreto alemán

El asesinato del archiduque Francisco Fernando, heredero del Imperio austrohúngaro, en Sarajevo, el 27 de junio de 1914, fue el desencadenante que condujo a la Primera Guerra Mundial. Este conflicto se polarizó en dos bandos: por un lado, los aliados con Francia, Reino Unido, el Imperio ruso, Serbia, Bélgica, Canadá, Portugal, Australia y Nueva Zelanda, Japón y Estados Unidos; por otro, las Potencias Centrales (también conocidas como Imperios Centrales), es decir, los imperios austrohúngaro, alemán y otomano (Turquía), junto con Bulgaria. Una guerra de esta magnitud ocasionó que los países implicados en la contienda desplegaran sus redes de espías por todo el mundo.

El desarrollo del espionaje alemán en los momentos previos y durante la Gran Guerra es un ejemplo claro de esta internacionalización de los servicios secretos. El florecimiento del espionaje alemán durante este período se debe fundamentalmente a la labor de un gran estratega del servicio de inteligencia como fue el coronel Walter Nicolai, jefe del servicio secreto del Alto Mando alemán, conocido como 3-B. El coronel alemán dio un nuevo espíritu al espionaje al integrar en el servicio secreto a hombres de ciencia, industriales y financieros en las secciones de estudios. El conocimiento era fundamental para la victoria. Asimismo, era capital para el espionaje dotarlo de una infraestructura científica en la que se utilizaran los mayores adelantos de la técnica al servicio de la obtención de información.

Durante la guerra, el jefe del 3-B dirigía una organización que centralizaba el espionaje, el contraespionaje, la propaganda y la contrapropaganda, así como los actos de sabotaje. Sus agentes controlaban la censura militar de la prensa, la vigilancia de correos, telégrafos y teléfonos. Nicolai tenía información sobre todos los aspectos que pudieran interesar al Alto Mando alemán, dirigido por el general Erich Ludendorff. El 3-B extendió sus redes no sólo por los países enemigos, sino incluso entre sus propios aliados como Bulgaria y Turquía, para solventar sus deficiencias y prestarles apoyo. El servicio secreto alemán introducía sus agentes en el extranjero como viajantes de comercio, para que bajo esta cobertura pudieran visitar los centros comerciales, hacer fotografías o formular preguntas acerca del poder económico.

Estos «Despachos mercantiles», como se conocía a los centros encubiertos de los espías alemanes que se hacían pasar por hombres de negocios, se extendían por toda Europa. Al comienzo de la conflagración, cuando fueron expulsados los alemanes de los territorios en guerra e inspeccionados dichos despachos mercantiles, se descubrió en ellos un ingente caudal de información sobre las fábricas de armamento, la producción de municiones y el desarrollo de los equipos de guerra de los países que habían sido espiados por la inteligencia alemana.

## El espionaje en la Bélgica ocupada

En agosto de 1914 las tropas alemanas, siguiendo el plan de ataque que había diseñado el general Alfred Graf von Schlieffen, penetraron en Bélgica; su avance demoledor no pudo ser detenido por el reducido ejército belga. Para el Alto Mando alemán era fundamental dicho país. Aunque Bélgica era neutral, el ejército germano necesitaba atravesar su territorio con el fin de enfrentarse contra las tropas francesas y británicas en el frente occidental. La invasión alemana convirtió a Bélgica en un importante frente para los espías de las distintas potencias.

En la ciudad belga de Amberes se encontraba uno de los más importantes centros de formación del espionaje alemán, dirigido por la colaboradora de Walter Nicolai, Elsbeth Schragmüller. Allí los aspirantes a espías recibían una formación muy completa: tras una serie de pruebas de inteligencia, memoria o cultura general, eran instruidos en una enseñanza básica militar, en uniformes y graduaciones del ejército enemigo, en armas, vehículos terrestres, aéreos y buques de guerra... Después de semejante iniciación elemental se les adiestraba en técnicas propias del espionaje como la utilización de la tinta invisible o los códigos criptográficos. *Fräulein Doktor* o *Mademoiselle Docteur,* como se conocía a Elsbeth Schragmüller, comprobaba la formación de sus propios espías noveles enviándolos a misiones determinadas donde eran vigilados por espías veteranos; de esta manera, *Fräulein Doktor* tenía la seguridad de que, si fuese necesario por cualquier razón, el aspirante a espía podía ser eliminado. Por el contrario, si se consideraba que estaba suficientemente preparado, pasaba a ser agente secreto de la sección 3-B.

La ocupación de Bélgica originó un movimiento de rechazo contra el ejército invasor. Como consecuencia se organizaron diversas redes de espionaje. Entre estas es digna de mención la que conformó Dieudonné Lambrecht. Este empresario belga organizó una red espionaje cuyo objetivo era triple: en primer lugar, su misión era la creación de puestos de observación en los lugares más apropiados para la vigilancia de los convoyes enemigos; en segundo lugar, adiestrar a sus agentes para conseguir el mejor rendimiento de una manera metódica, y, por último, asegurar la transmisión de los informes a través de los Países Bajos, por vía segura y rápida, hasta la Oficina de Guerra Británica, en la ciudad neerlandesa de Maastricht. Lambrecht tenía un modo muy curioso para pasar la información, ya que sus informes estaban escritos en papel muy fino, camuflado en los botones de su ropa.

Su labor como espía se truncó al ser denunciado por un espía holandés infiltrado en el servicio de los alemanes, llamado Nicolas Keurvers. Lambrecht, como suele ser el sino común de los espías descubiertos, fue ejecutado el 18 de abril de 1916 en el Fuerte de la Chartreuse, en la ciudad belga de Lieja. Previamente, el espía belga había podido dar oportuna información de los movimientos de las tropas alemanas antes de la ofensiva francesa en Champagne, el 25 de septiembre de 1915, que eran el prolegómeno bélico al ataque de la ciudad francesa de Verdún, por los ejércitos del general alemán Erich von Falkenhayn, el 21 de febrero de 1916.

Aunque la muerte de Lambrecht supuso un duro golpe para la resistencia belga y sus servicios de espionaje, no fue ni mucho menos el final de estos. La red de espías en territorio belga continuó bajo la dirección de Walthère-Joseph-Charles Dewé, quien, junto con su amigo Herman Chauvin y algunos miembros de la Resistencia belga, fundó una red de espionaje conocida como *La Dame Blanche* ('La Dama Blanca'), que funcionó hasta el final del conflicto para el SIS, el Servicio de Inteligencia Secreto británico que operaba en los Países Bajos.

Dieudonné Lambrecht representa el sentimiento de la población belga ante la agresión alemana en su territorio. Él fue el precursor de las redes de espionaje que imitaron posteriormente su función y labor, al dedicarse al espionaje de las tropas alemanas, sus movimientos y sus fuerzas. Fotografía de Dieudonné Lambrecht aparecida en la revista *Collection National et Civisme,* n.º 154, febrero de 1952.

La organización de la red estaba claramente jerarquizada y estructurada, ya que cubría todo el país y contaba en 1918 con la nada despreciable cantidad de 1.084 agentes, rigurosamente seleccionados. La fuente fundamental de información que permitía a los aliados saber el orden de batalla, los movimientos y la fuerza movilizada de los alemanes provenía fundamentalmente de La Dama Blanca. Dicha red era capaz de transportar regularmente la información a los aliados en los Países Bajos mediante correos que conocían los distintos pasos para atravesar la triple alambrada electrificada que los alemanes habían tendido a lo largo de la frontera neerlandesa.

## LAS MUJERES ESPÍAS EN LA PRIMERA GUERRA MUNDIAL

En la organización La Dama Blanca no sólo participaron hombres, sino que un papel fundamental, como en toda la Gran Guerra, lo representaron las mujeres. Dentro de dicha red de espionaje, fue único el logro de la francesa Marie Birckel, que consiguió mantener viva su estructura desde la prisión de Saint-Léonard en Lieja, Bélgica, donde fue encarcelada en julio de 1916 tras haber pasado la frontera desde los Países Bajos. A partir del año 1915 trabajaba dentro de la organización La Dama Blanca para el Deuxième Bureau, es decir, el servicio de inteligencia francés, para el que recababa acerca de los regimientos alemanes, sus emplazamientos y el tráfico ferroviario entre la Francia ocupada y Suiza. Ya en prisión siguió transmitiendo su información a partir de los informes que le pasaban el resto de las reclusas. Durante su estancia en la cárcel, ingresó en el mismo penal otro agente francés de nombre Émile Fauquenot, con el que había conseguido cruzar la frontera neerlandesa en su viaje a Lieja,

El espionaje en la Bélgica ocupada supuso uno de los mayores obstáculos y contrariedades para el Alto Mando alemán en dicha zona. La organización La Dama Blanca consiguió extender sus redes por todo el territorio de manera que controlaba la información más dispar, desde la fuerza movilizada por los ejércitos de los imperios centrales al horario y frecuencia del paso de trenes alemanes con armamento y tropas. Monumento dedicado a la memoria de Walthère Dewé y *La Dame Blanche,* erigido en 1945 en la Rue des Haut Towes, Lieja, Bélgica.

en Bélgica. Ambos fortalecieron la red de espionaje que desde prisión había creado Birckel. Tras el armisticio el 11 de noviembre de 1918, Marie Birckel fue liberada, y en enero de 1919 se casó con su compañero de la red de espías Émile Fauquenot.

El final de las heroínas del espionaje, tanto de un bando como de otro, no siempre fue tan idílico. Louise de Bettignies dirigía desde la ciudad francesa de Lille una red de espionaje que operaba para el Servicio de inteligencia británico con el fin de suministrar información sobre Bélgica y los Países Bajos. Su red, creada a principios de 1915, se llamaba como su nombre en clave «Alice Dubois». Una de las misiones fundamentales de esta red compuesta por unas cien personas era transportar clandestinamente a individuos hasta el terreno seguro de Gran Bretaña, hasta Folkstone. Los informes de la red Dubois permitieron a los aliados bombardear baterías de artillería alemana aunque estuvieran camufladas, al tener una precisa situación de sus puestos. Incluso llegó a dar puntual información acerca del paso de un tren en el que viajaba el káiser Guillermo II, pero la aviación falló su objetivo. La misma Louise de Bettignies realizó numerosos viajes por Bélgica y los Países Bajos para recabar información y llevarla personalmente a Gran Bretaña. Sin embargo, en uno de esos viajes, la desdicha se cernió sobre ella, ya que fue arrestada a la entrada de la ciudad belga de Tournai. Se la condenó a muerte, pero fue conmutada su pena por la de la cadena perpetua en el penal de la ciudad alemana de Siegburg, donde murió el 27 de septiembre de 1918.

En la misma ciudad en la que fue apresada Louise de Bettignies, Tournai, nació Gabrielle Petit, una espía belga cuyo fin también fue muy trágico. Tras unirse a la lucha contra los alemanes, recibió adiestramiento en las artes del espionaje por parte del servicio de

Louise de Bettignies fue llamada por los británicos la *Queen of spies* ('Reina de los espías') por su valiosa labor e información, por ejemplo, al proveer a los aliados de planos de los alrededores de la ciudad francesa de Lille que les permitían situar sobre el terreno perfectamente los movimientos de las tropas alemanas. Maxime Réal del Sarte, monumento dedicado a Louise de Bettignies, 1927. Lille, Francia.

inteligencia británico en Folkstone. Luego de regresar a los Países Bajos atravesó la frontera belga y llegó a Bruselas el 18 de agosto de 1915. En Bélgica, organizó una red de correos que transmitían a los aliados los informes recabados a su vez por otros agentes. Toda esta actividad levantó las sospechas de la policía alemana que andaba tras la pista del cerebro de tal organización. El contraespionaje del servicio secreto alemán infiltró a uno de sus agentes en dicha red, que entregó una serie de secretos militares a los agentes de la red de Petit; una vez que esta los recogió ya existían las pruebas para detenerla. Así ocurrió el 2 de febrero de 1916; al mes siguiente fue fusilada. Tenía veintisiete años.

Acciones como auxiliar a los soldados aliados heridos en las zonas ocupadas por Alemania o ayudarles a pasar a la zona neutral de los Países Bajos eran contemplados por los tribunales militares germanos como actos de espionaje. Esta es la acusación que tuvo la enfermera inglesa Edith Cavell, detenida por la policía alemana el 5 de agosto de 1915. Bajo el cargo de espionaje, dos meses después fue condenada a muerte. Un pelotón de fusilamiento la ejecutó el 12 de octubre de 1915.

Una de las heroínas de Bélgica, Marthe Cnockaert, también era enfermera. Esta sanitaria belga consiguió incluso la Cruz de Hierro, la más alta condecoración alemana, por sus desvelos y trabajo con los heridos del ejército germano en el hospital de la ciudad belga de Roulers. Al mismo tiempo que servía como enfermera de las tropas alemanas, al igual que sus compatriotas belgas, se dedicaba a trasladar desde 1915, con el nombre en clave de Laura, a los soldados británicos heridos a los Países Bajos y remitía informes de todo cuanto sabía sobre los movimientos de las tropas alemanas, los convoyes e incluso la moral de dichas tropas. Gracias a su posición como enfermera logró introducirse en el aeródromo militar de la ciudad belga de

Rumbeke e informar a los aliados de la llegada de los nuevos aviones alemanes «Albatros», diseñados por el alemán Ernst Heinrich Heinkel.

L'ASSASSINAT DE MISS EDITH CAVELL

La ejecución de la enfermera Edith Cavell por parte del ejército alemán fue un acontecimiento de gran repercusión en toda Europa que hizo que incluso gobernantes de los países neutrales pidieran la conmutación de la pena para evitar su muerte. Entre estos gobernantes se encontraba el rey de España Alfonso XIII, que manifestó su petición por mediación de su embajador en Bélgica, el marqués de Villalobar, Rodrigo de Saavedra y Vinent. *L'assassinat de Miss Edith Cavell,* imagen aparecida en *Le Petit Journal,* supplement illustré, n.º 1.298, de 7 de noviembre de 1915.

Su acción más arriesgada fue volar el polvorín del hospital militar en el que trabajaba, en noviembre de 1916. En dicho sabotaje perdió su reloj y fue desenmascarada. En el juicio se la condenó a muerte, pero al poseer la Cruz de Hierro por sus méritos, se le conmutó la pena por la de cadena perpetua. Tras el armisticio de 1918 fue liberada.

Con todo, a pesar del heroísmo y la abnegación de todas estas mujeres, ninguna de las espías de la Gran Guerra llegó a tener la fama mundial que adquirió la holandesa Margaretha Geertruida van Zelle, más conocida como Mata Hari. Tras divorciarse del capitán Rudolph Mac-Leod, llegó a París en 1903, donde inició su carrera como bailarina exótica; de esta manera conoció el éxito y pudo recorrer las principales ciudades europeas. Gracias a ello también pudo entrar en contacto con los hombres más influyentes de cada país.

Durante su estancia en Berlín, al estallar la Gran Guerra, fue captada como agente para el servicio secreto por el cónsul alemán en Ámsterdam, que a su vez era un agente de la red de Elsbeth Schragmüller. El nombre en clave que se le dio fue el de H-21. Su misión era recabar información militar en Francia. La ambición por conseguir grandes sumas de dinero la empujó a ir a París en tal misión. En abril de 1916 intentó llegar a la capital francesa pero no consiguió el visado, por lo que tuvo que llegar a tierra gala a través de España. En Madrid entró en contacto con agentes alemanes, hecho que fue conocido por el contraespionaje francés del Deuxième Bureau y del MI-6 británico.

Cuando consiguió llegar a París, Mata Hari se presentó en el despacho del capitán Georges Ladoux, ayudante del coronel Antoine Goubet, jefe del Deuxième Bureau (según otras versiones, dicho capitán hizo que la bailarina se presentara en su despacho para interrogarla) y se ofreció para trabajar como espía al servicio de Francia. Ladoux no desaprovechó la ocasión para desenmascarar a la agente doble. Fue enviada a España, ya que en su capital, Madrid, se concentraba un gran número de espías de todos los países en contienda, al ser este un país neutral.

En diciembre de 1916 Mata Hari se encontraba en suelo español. Allí se citó con el agregado militar alemán, el comandante Von Keller. A su vez, el servicio secreto francés interceptó una comunicación del Alto Mando alemán en la que se afirmaba que el agente H-21 había llegado a España haciéndose pasar por un espía del Deuxième Bureau. La incógnita para los servicios secretos franceses estaba despejada: H-21 era Margaretha Geertruida van Zelle, alias Mata Hari. Al llegar esta a París fue acusada formalmente de espionaje y condenada a muerte el 25 de julio de 1917. El 15 de octubre fue ejecutada por un pelotón de fusilamiento en el castillo de Vincennes, en Francia.

## El nacimiento de los servicios de inteligencia británicos

La actitud beligerante del Imperio alemán a principios del siglo XX, así como el paulatino enfriamiento en las relaciones políticas entre Gran Bretaña y dicho imperio, presionaron al Gobierno británico para crear en octubre de 1909, a instancias de William Melville, el superintendente de Scotland Yard, el *Secret Service Bureau,* la Oficina del Servicio Secreto, donde se englobaban los diecinueve departamentos de la Inteligencia Militar, más conocidos con las siglas que van desde el MI-1 al MI-19. Los más famosos de estos departamentos son el MI-5 y el MI-6, el primero dedicado a la seguridad interna del país, frente al MI-6 que se encarga de la seguridad externa, es decir, el MI-5 tiene como misión el contraespionaje y el MI-6 el espionaje británico en el extranjero.

En comparación con las espías que actuaron en la Gran Guerra, la labor de Mata Hari, aunque ha trascendido más en la historia popular, dista mucho de estar a la altura de las mencionadas. Las circunstancias que la llevaron a su detención muestran a todas luces una gran torpeza por su parte, o al menos un gran descuido y falta de profesionalidad, al dejarse espiar por el servicio secreto francés cuando se reunía clandestinamente con el agregado militar alemán en España. Fotografía de Lucien Walery, postal de Mata Hari como bailarina oriental, 1906. París, Francia.

Bajo el mandato del primer director del MI-6, el capitán sir George Smith-Cumming, el servicio secreto británico tuvo su gran prueba de fuego durante la Primera Guerra Mundial al intentar extender sus redes de espionaje en suelo germano. Ciertamente este objetivo apenas se pudo conseguir, pero sí infiltró a sus agentes en los países ocupados y en los neutrales. El principal éxito del MI-6 lo consiguió paradójicamente en suelo británico, con el centro operativo de información situado en la ciudad inglesa de Folkstone, en el sureste del país. Por su cercanía a las costas de Francia y Bélgica en el continente europeo, albergó la Oficina Central de Información, que coordinaba el espionaje británico, francés y belga. Desde allí se desplazaron agentes británicos a los Países Bajos, estado neutral en la contienda, y se infiltraron en hoteles, restaurantes, estaciones de taxis, y ejercieron todas aquellas ocupaciones en las que pudieran recabar cualquier información pertinente para el espionaje británico. Asimismo, los agentes dependientes de Folkstone facilitaban el desplazamiento de los espías franceses del Deuxième Bureau, es decir, la «Segunda Oficina» del Estado Mayor francés, encargada del servicio de espionaje del ejército galo, los cuales se dirigían a los territorios ocupados por los alemanes; dichos agentes también recogían a los que llegaban de Bélgica, país invadido por las tropas germanas, o a los que huían de las regiones alemanas. Aparte de estas misiones, el servicio secreto británico se ocupaba de la expedición de documentos falsos y del espionaje de la prensa.

Una de las mayores preocupaciones de los servicios secretos británicos era el Próximo Oriente. Por ello su servicio de inteligencia no dudó en utilizar arqueólogos, misioneros, ingenieros, cónsules o exploradores que conociesen los distintos países donde estuviesen establecidos, para recabar distintas informaciones militares, políticas, económicas... Los dos exponentes más representativos de este tipo de espías o agentes al servicio de la Corona británica fueron Thomas Edward Lawrence, más conocido como Lawrence de Arabia, y la arqueóloga británica Gertrude Bell.

Lawrence de Arabia llegó al servicio secreto británico de la mano de su mentor académico, el doctor David George Hogarth, que pertenecía al servicio secreto británico. Este le hizo aprender los distintos dialectos de la lengua árabe y lo invitó a realizar una serie de viajes previos a la confrontación de la Gran Guerra para que recabara la más diversa información. Así, en 1913 el *Intelligence Service* organizó una misión arqueológica por Palestina que fue encabezada por el mismo Lawrence y el arqueólogo Leonard Wooley. Esta expedición, aparte del indudable valor académico, sirvió para dotar al ejército británico de toda una serie de mapas de la región, donde se señalaban los distintos pueblos e incluso las fuentes de agua disponibles para las distintas expediciones.

Al estallar la guerra, Lawrence fue destinado al servicio topográfico del ejército con el rango de subteniente, pero a finales de 1914 cambió su destino por el servicio de información en El Cairo, adonde se dirigió con el arqueólogo Wooley y el entonces capitán Stewart Francis Newcombe. El jefe del *Intelligence Service* de El Cairo, el coronel Gilbert Clayton, les asignó sus cometidos. Newcombe se encargó de la red de agentes del desierto; a Wooley se le encomendó organizar una sección de propaganda. Y a Lawrence le correspondió formar el orden de batalla contra los turcos otomanos. El contraespionaje se quedó en manos del diplomático Aubrey Herbert. Lawrence empezó a establecer una red de información a partir de los informes que recababa de sus agentes y de los prisioneros. Sus contactos con los sirios le permitieron tener un conocimiento valiosísimo sobre los mandos militares alemanes del ejército turco y de las unidades otomanas en Siria. Allí, en Karkemish, Lawrence estableció relaciones con armenios que buscaban la independencia. Los rusos se pusieron en contacto con ellos para utilizarlos como espías, lo que facilitó el ataque de las tropas imperiales zaristas, comandadas por Nikolai Yudenich, a las ciudades turcas de Erzurum y Trabzon. De esta manera las tropas de Rusia derrotaron a los turcos y se apoderaron de dichas ciudades gracias, en parte, a los agentes de Lawrence.

Sin embargo, la gran hazaña árabe de Lawrence le llegará por encargo del *Arab Bureau* británico, una sección del Departamento de Inteligencia de El Cairo creada en 1916. Thomas Edward Lawrence agrupó a grandes masas de árabes para combatir a los turcos al lado de Faysal ibn Hussein, más tarde Faysal I de Irak, como su enlace con las fuerzas británicas. Los turcos intentaban conquistar el Hiyaz o Hedjaz, región de la península de Arabia, en la costa este del mar Rojo, sin embargo, las tropas árabes se habían sublevado, pero conformaban un ejército anárquico. La obsesión de Lawrence era unificar todas esas fuerzas bajo un solo hombre: Faysal. A partir de aquí las victorias se sucedieron en la península arábiga: el puerto de Yanbo y la defensa de la ciudad santa de La Meca.

Lawrence impuso al ejército árabe una estrategia propia de la guerra de guerrillas. A menudo, él en persona se adentraba en territorio enemigo, haciéndose pasar por un árabe, incluso en algunas ocasiones por una mujer; recababa información y con ella planificaba sabotajes fundamentalmente contra el ferrocarril que atravesaba el territorio árabe. Para la toma de la ciudad de Aqaba, en la actual Jordania, organizó una caravana en la que sus tropas, disfrazadas de simples mercaderes y camelleros, recorrían libremente las tribus de la región para ganarse su fidelidad y obtener toda la información

Lawrence de Arabia fue una pieza fundamental en
la política de Gran Bretaña en el mundo árabe. Las
experiencias militares en su tierra amada quedaron reflejadas
en su impresionante obra *Los siete pilares de la sabiduría*,
que transcurre durante la guerra entre los británicos, los
franceses y los árabes contra los alemanes y el Imperio
otomano. August John, *Retrato de Thomas Edward Lawrence*,
1919. The National Portrait Gallery, Londres.

157

posible de la zona. Lawrence continuó el viaje en solitario hasta la ciudad siria de Damasco para establecer una red de espionaje entre los sirios fieles al militar británico. La campaña fue un éxito; pero no colmó las expectativas y sueños del agente de los servicios secretos británicos, Lawrence de Arabia, el Rey sin corona, que siempre había deseado la plena liberación de los pueblos árabes, si bien este deseo chocaba frontalmente con los intereses de su propio país.

Otro gran personaje protagonista del espionaje en Oriente Próximo durante la Gran Guerra fue la también arqueóloga británica Gertrude Bell. Después de haber servido al comienzo de la Primera Guerra Mundial en la Cruz Roja en Francia, su profundo conocimiento de los territorios de Oriente Próximo, así como su dominio de la lengua árabe, la convirtieron en una fuente vital de información para Gran Bretaña durante la Primera Guerra Mundial y por ello fue la única mujer que trabajó como agente para el Arab Bureau en El Cairo. Como agente de la inteligencia militar británica fue enviada desde la capital egipcia hasta Basora, la actual ciudad iraquí, para entablar enlaces con El Cairo.

Después de la toma de Bagdad el 10 de marzo de 1917, el general sir Percy Cox la nombró responsable de los asuntos del desierto. Tras la guerra siguió comisionada en la capital iraquí, donde su actuación fue crucial para ayudar al rey Faysal I en la creación del estado de Irak.

## EL ESPIONAJE ESTADOUNIDENSE EN LA GRAN GUERRA

Cuando estalló la Primera Guerra Mundial en Europa, el Gobierno de Estados Unidos, encabezado por el presidente Woodrow Wilson, se mantuvo neutral en el conflicto. Sin embargo, a pesar de los llamamientos

Gertrude Bell fue un modelo de mujer aventurera que compaginó sus trabajos como arqueóloga con el servicio a su país, Gran Bretaña, para el que trabajó como espía y se convirtió en un miembro fundamental del *Arab Bureau*. Su información sobre la geografía de los países árabes, sobre sus pueblos y sus costumbres fue fundamental para el ejército británico. *Gertrude Bell montada a caballo en Bagdad,* 1916. Archivo fotográfico de Gertrude Bell, Universidad de Newcastle, Reino Unido.

a la paz por parte del presidente americano, dos acontecimientos forzaron la declaración de guerra el 2 de abril de
1917. El primer hecho que empujó, aunque no inmediatamente, a Estados Unidos a la guerra fue el hundimiento
del barco estadounidense de pasajeros *Lusitania* a manos
de un submarino alemán SM U-20, el 7 de mayo de
1915. El segundo acontecimiento que se convirtió en la
causa de la entrada de los estadounidenses en el conflicto
mundial fue la interceptación de un telegrama emitido
por el ministro de Asunto Exteriores del Imperio alemán,
Arthur Zimmermann, por parte del servicio secreto
británico y remitido a Washington.

En él, en una primera parte dirigida al embajador
alemán en Estados Unidos, Albrecht Von Bernstroff,
se hacía alusión a la intención alemana de reanudar la
guerra de submarinos sin ninguna restricción; en una
segunda parte del telegrama, dirigida al representante
alemán en México, Heinrich Von Eckhardt, se instaba
a México a unirse a la causa alemana y atacar a Estados
Unidos. Alemania garantizaba su apoyo económico a
México, así como la devolución de los territorios de
Texas, Nuevo México y Arizona, que México había
ido perdiendo desde 1848, tras la guerra con Estados
Unidos. La intervención de Estados Unidos en la Gran
Guerra, aparte de ser crucial para el desarrollo de los
acontecimientos finales, supuso un cambio fundamental
en materia de espionaje para dicho país. El FBI, creado
por Charles Joseph Bonaparte en 1908 con el nombre
de Oficina de Investigación, amplió sus competencias
y actuaciones durante el período de la Primera Guerra
Mundial. En 1916 el Congreso de los Estados Unidos
autorizó al Departamento de Estado a que recurriese al
FBI en sus investigaciones.

El director del FBI desde abril de 1912, Alexander
Bruce Bielaski, ex agente del Servicio Secreto, reclutó
entre sus filas a ciudadanos estadounidenses corrientes

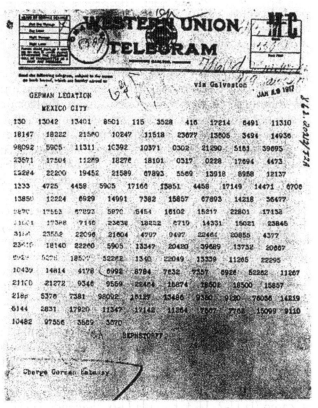

La interceptación y descodificado del telegrama enviado
por el ministro de Asuntos Exteriores germano, Arthur
Zimmermann, por parte de los servicios secretos británicos
fue el detonante para que Estados Unidos entrara en la Gran
Guerra. Sin embargo, se ha especulado con la posibilidad
de que fuera una maniobra del MI-6 para conseguir el
apoyo de Estados Unidos contra los separatistas irlandeses.
Fotografía del original del telegrama Zimmermann,
16 de enero de 1917. Archivo Nacional de Washington,
Estados Unidos.

161

para hacerse cargo del contraespionaje interno. Promovió la creación de una fuerza de vigilancia denominada Liga Americana de Protección, dependiente y colaboradora de la Oficina de Investigación. Al estallido de la Gran Guerra, el número de miembros de dicha oficina pasó de trescientos a cuatrocientos, mientras que los voluntarios para la Liga Americana de Protección llegaron a un total de 250.000. En su afán por encontrar colaboradores con el bando alemán, miembros de la Liga levantaron el rumor de que el sindicato estadounidense de Obreros Industriales del Mundo estaba siendo financiado por los alemanes. El 1 de agosto de 1917, un grupo de individuos asaltaron la habitación del hotel donde se alojaba en Butte (Montana) el líder de los Obreros Industriales del Mundo, Frank Little, y lo lincharon creyendo que era un espía y agente de los alemanes.

La importancia que se le dio al espionaje durante la Primera Guerra Mundial en Estados Unidos se vio de manera clara en la creación en 1915 de una agencia secreta llamada U-1, que actuó hasta 1927. Dentro del mismo Departamento de Estado era tan enigmática que no tenía nombre propio, puesto que la «U» era la simple sigla de *Undersecretary* ('subsecretaría'); la U-1 era el organismo central de inteligencia que evaluaba la información recabada por los distintos organismos a su cargo (la U-2, U-3, hasta la U-6, siguiendo la clasificación que era común en la inteligencia militar de la época) y se encargaba de transmitirla al secretario de Estado. La idea de la creación de tal agencia partió del presidente estadounidense Woodrow Wilson para que el Departamento de Estado tuviera mayor relevancia en materia de inteligencia. Esto implicaba un papel más importante del espionaje estatal en las complejas relaciones diplomáticas tanto en el período previo a la Gran Guerra como durante el conflicto. Asimismo,

Tras la entrada de Estados Unidos en la Primera Guerra Mundial, el FBI creado por Charles Joseph Bonaparte, empezó a realizar misiones de contraespionaje dentro de Estados Unidos, al vigilar y controlar las actividades de todos los elementos germanófilos. Fotografía de Charles Joseph Bonaparte realizada por J. E. Purdy, 1903. Boston, Estados Unidos.

los agentes estadounidenses se ocuparon de vigilar, controlar y detener a los miembros de la red de espionaje alemana establecida en Estados Unidos, que hasta 1915, año en que fue expulsado de allí, estaba liderada por el diplomático alemán Franz von Papen.

El recrudecimiento de la persecución de los agentes alemanes en suelo estadounidense llevó al arresto del subsecretario de la Embajada alemana, Wolf von Igel, en su oficina del número 60 de Wall Street, Nueva York, el 18 de abril de 1916. Tras el registro de su despacho se descubrieron numerosos documentos en los que se plasmaban los detalles de la extensa red de espionaje alemana. Esta información obtenida en la redada de la oficina de Von Igel confirmó la existencia de la colaboración secreta entre los independentistas irlandeses, por una parte y, por otra, los independentistas de la India con el servicio secreto alemán, por la confrontación de estos revolucionarios contra el Imperio británico. Sin embargo, el hostigamiento a las redes de espionaje alemán no pudo evitar el atentado de la isla de Black Tom en Nueva Jersey el 30 de julio de 1916, en el que una terrible explosión mató a tres hombres y a un niño, y destruyó una instalación de cargas de municiones destinada a Gran Bretaña.

Al entrar Estados Unidos en la Primera Guerra Mundial, envió a Europa al cuerpo expedicionario *American Expeditionary Force* (o Fuerza Expedicionaria Americana, AEF), bajo el mando del general John Joseph Pershing; en sus filas estaba el coronel estadounidense Ralph van Deman, el «padre de la inteligencia militar estadounidense», que fue el encargado de la creación de la División de Información Militar (MID, en sus siglas inglesas). Van Deman desarrolló las primeras redes de agentes secretos estadounidenses en Europa. De esta manera proveía de la información necesaria a las Fuerzas Expedicionarias desde su sede en la ciudad francesa de Chaumont. Bajo su dirección, en Europa la organización de los servicios de inteligencia de Estados Unidos tomó el nombre en clave de G-2.

La misión de este grupo se extendía incluso al espionaje de las propias tropas de la Fuerza Expedicionaria Estadounidense (Americana, como ellos mismos escriben y dicen), mediante una red secreta que operaba dentro de sus propios acuartelamientos y que estaba formada por los *Intelligence Policemen* o 'Policías de Inteligencia', conocidos como los «Vigilantes Silenciosos», verdaderos miembros del contraespionaje estadounidense. Su misión era desenmascarar a los espías alemanes dentro de las propias filas de soldados estadounidenses, muchos de ellos de origen alemán. El G-2 llegó a implantarse por toda Europa; en Gran Bretaña en los puertos donde desembarcaban los tropas estadounidenses: Glasgow, Londres, Liverpool. En Francia había extendido sus redes desde la mencionada ciudad de Chaumont, hasta Lyon, Toulouse, Dijon y las ciudades situadas en las fronteras de Suiza y España, como Hendaya y Cerbére. Los miembros del G-2 llegaron incluso a infiltrarse en Alemania con la misión de dar apoyo a los grupos subversivos y potenciar la propaganda contraria a la política belicista del Imperio alemán. A pesar de la activa labor de los servicios de inteligencia militar estadounidense, sus métodos continuaban siendo muy primarios y básicos, como lo fueron los de los distintos países en conflicto a lo largo de toda la Primera Guerra Mundial. Aunque estaban aún muy lejos de la efectividad y profesionalidad de la posterior inteligencia militar de Estados Unidos, los servicios de espionaje militar creados por Van Deman sentaron la base de la Oficina de Servicios Estratégicos u OSS estadounidense en la futura Segunda Guerra Mundial, verdadero embrión de la CIA.

# 5

# Bletchley park *versus* la máquina enigma. El espionaje en la Segunda Guerra Mundial

## INTRODUCCIÓN

Una vez concluida la Primera Guerra Mundial, la firma de los distintos tratados de paz entre los Aliados y las Potencias Centrales no acabó con las tensiones entre los distintos países europeos. Los años posteriores a la Gran Guerra fueron una época muy dura que supuso una serie de cambios políticos en Europa, marcados fundamentalmente por la crisis económica en la que se vieron sumidos los países beligerantes. Alemania se vio sometida a una fuerte recesión ocasionada por la escasez de mano de obra, la improductividad de los campos agrícolas y la falta de capital y de actividad financiera; asimismo, las condiciones que le fueron impuestas en el Tratado de Versalles el 28 de junio de 1919 por los Aliados levantaron un clima de revancha expansionista que culminaría con la subida al poder del partido nazi. Razones económicas parecidas llevaron al poder a Benito Mussolini en Italia en 1922, donde instauró una dictadura de corte fascista. Por su parte, la Rusia bolchevique, con su líder Vladimir Ilich Lenin en el poder, se esforzará por expandir la ideología comunista por todo el mundo a partir de la III Internacional en 1919.

El ascenso de Adolf Hitler al poder en Alemania en 1933 será el detonante para la escalada militar en Europa; su concepto de pangermanismo y su idea de la Gran Alemania conducirá a dicho país a anexionarse Austria en marzo de 1938, los Sudetes, región perteneciente a la actual República Checa, a principios de octubre de 1938, y el resto de la antigua Checoslovaquia en marzo de 1939.

Como consecuencia de esta situación prebélica, que presagiaba un conflicto mundial armado aún mayor que el anterior, el espionaje adquirirá una importancia como no se había dado hasta entonces entre las distintas potencias. Se desarrollarán nuevas técnicas, cada vez más complejas, en las que la tecnología más avanzada se pondrá al servicio de la información sin reparar en gastos ni inversión. De esta manera, en el período de entreguerras, aunque cada país creará sus propias redes de inteligencia, se pueden distinguir tres modos de entender y de practicar el espionaje; en primer lugar, el realizado por las potencias del ámbito democrático; en segundo lugar, el que llevaron a cabo los países de ideología fascista y, por último, el espionaje de la esfera comunista.

Adolf Hitler sirvió como *V-Mann,* es decir, como espía del comando de Inteligencia en el ejército alemán. De esta manera entró en contacto con el Partido Obrero Alemán, de tendencia nacionalista, al que terminó afiliándose y lo refundió en el Partido Nacionalsocialista Obrero Alemán (NSDAP, en sus siglas en alemán). Fotografía de una de las primeras reuniones del NSDAP, en el Braunes Haus, Múnich, 1930. Bundesarchiv, Berlín.

## EL MI-6 CONTRA EL ESPIONAJE BOLCHEVIQUE

Los países democráticos, principalmente Gran Bretaña, veían un gran peligro en la extensión del comunismo. Con el fin de sabotear la revolución bolchevique, el MI6 británico, también conocido como Servicio Secreto de Inteligencia (SIS), utilizó a su agente Sidney Reilly, el cual encarnaba a la perfección todos los tópicos que la literatura y el cine han vulgarizado sobre los espías: era culto, amante de las fiestas, cosmopolita, políglota y, sobre todo, enigmático, ya que de él no se sabe a ciencia cierta ni su lugar de nacimiento. El 15 de marzo de 1918, Mansfield Smith-Cummings, el director del SIS, le encomendó, con el nombre en clave de ST1, una misión antibolchevique en Rusia. En principio, tenía que prestar ayuda a otros agentes británicos, entre los que estaban el comandante Robert Bruce Lockhart y el capitán Francis Newton Allen Cromie. No obstante, la misión exacta de Sidney Reilly en la Rusia bolchevique siempre ha sido muy poco clara y ha estado envuelta en el halo de la leyenda; así, se ha llegado a especular con que su primera intención era capturar a Lenin, encarcelarlo y después ajusticiarlo. Sean cuales fueran sus intenciones finales, el cometido que tenía en suelo ruso era desestabilizar al gobierno bolchevique. Para ello entabló relaciones con Boris Savinkov, un miembro destacado de la organización antibolchevique Unión para la Defensa de la Patria y la Libertad. Además, Reilly creó una red de apoyo entre Moscú y Petrogrado.

Utilizaba distintas coberturas, ya como el comerciante italiano señor Massino cuando estaba en Petrogrado, ya como el señor Constantinos, un hombre de negocios griego, cuando estaba en Moscú. Debido a su atractivo con las mujeres, consiguió conquistar a algunas con altos cargos dentro del comité bolchevique; entre ellas destaca María Leonovskaia, radiotelegrafista del Kremlin que le pasó amplia información sobre Lenin.

Sin embargo, una serie de acontecimientos dieron al traste con el plan de los agentes británicos. El 30 de agosto de 1918 fue asesinado el jefe de la Policía Secreta de Petrogrado, Moisés Uritsky. Aunque el atentado no tenía relación con ningún complot, puesto que lo cometió un hombre que quería vengar la ejecución de un amigo a manos de la Cheka, los servicios secretos rusos lo achacaron a algún sabotaje del SIS británico. Ese mismo día Lenin dio un mitin en Moscú. Cuando

El agente británico Sidney Reilly, del MI-6, encarnó todos los tópicos que caracterizarán a los espías de la ficción, como su valor temerario, su éxito con las mujeres o su versatilidad a la hora de simular distintas personalidades. De hecho, el escritor británico Ian Fleming lo tomó como modelo para su personaje novelesco de James Bond. Fotografía de Sidney Reilly, h. 1920.

terminó su discurso, una mujer se acercó a su coche y disparó tres tiros al líder bolchevique. La mujer fue identificada como Fanya «Dora» Kaplan. Lenin, al que su agresora consideraba un traidor a la revolución, sobrevivió al ataque. Ella fue ejecutada el 3 de septiembre de 1918. Dos días después del intento de asesinato de Lenin, el 1 de septiembre de aquel año, la Cheka atacó la embajada británica en Petrogrado. En el asalto murió el capitán Cromie al enfrentarse a los atacantes. La Cheka empezó a perseguir a todos los sospechosos de ser agentes aliados. En una de estas redadas detuvieron a Lockhart y a una de las amantes de Reilly, que le había conseguido a este un piso franco. Media hora antes de que su apartamento fuese registrado por la Cheka, Reilly escapó de Rusia hacia Gran Bretaña. El jefe de la Cheka, el temible Félix Dzerzhinsky, no se olvidó de Reilly. Había conseguido atrapar a su compañero en esta arriesgada misión, el también agente secreto británico Robert Bruce Lockhart, que fue canjeado por otro espía, Máximo Litvinov, pero, sin embargo, el que consideraban el cerebro del espionaje británico, Reilly, había huido.

No obstante, todo era cuestión de tiempo. El gran embaucador, el rey de la decepción, fue engañado por los servicios secretos soviéticos en 1925. En septiembre de ese año, el espía estrella de los británicos, dispuesto a otra aventura en tierras soviéticas para derrocar a los bolcheviques, se dirigió a la Unión Soviética para apoyar la Organización Trust, que en vez de ser un grupo anticomunista, era en realidad una tapadera de la Cheka. Al llegar a la frontera ruso-finlandesa, Reilly fue conducido por agentes comunistas encubiertos a la Unión Soviética, donde fue detenido y encarcelado en la prisión de Lubyanka; allí murió, o bien fusilado o bien disparado cuando trataba de huir. Incluso la muerte de Sidney Reilly, al igual que su vida, está rodeada de misterio.

En la Gran Purga del Ejército Rojo planificada por Stalin y ejecutada por Lavrenti Beria, influyó la manipulación hecha por Heinrich Heydrich al suministrarles los datos de los militares disidentes soviéticos. Como resultado, el ejército soviético perdió grandes altos mandos con mucha experiencia, lo que benefició posteriormente al ejército alemán en la invasión de la URSS. Retrato de Lavrenti Beria, en la revista *Time,* de 2 de febrero de 1948.

En 1922, el año de la creación de la Unión de Repúblicas Socialistas Soviéticas (URSS), el Comisariado del Pueblo para Asuntos Internos o NKVD, reorganizó la Cheka en el GPU, el Directorio Político del Estado. Con la creación del nuevo Estado soviético, se necesitaba una organización unificada que controlara la seguridad en tan vasto territorio, por ello el GPU se transformó en el Directorio Unificado Político del Estado, el OGPU, verdadero germen del temible KGB, fundado en 1941. El NKVD, bajo la dirección de Nikolái Yezhov entre 1936 y 1938, se encargó de la Gran Purga, que sirvió para que Iosif Stalin estableciera su poder totalitario. En esta época la policía secreta convirtió a la Unión Soviética en una sociedad vigilada, donde el espionaje sirvió para acabar con todas las voces disidentes con el poder dentro del ejército, en la sociedad e incluso en la antigua Cheka. El abuso de poder de Yezhov, que lo llevó a enfrentarse con los más cercanos colaboradores de Stalin, hizo que el líder soviético designara como nuevo director del NKVD a Lavrenti Beria, que continuó con la purga estanilista. Cuando se produjo la invasión alemana de la Unión Soviética el 22 de junio de 1941, en el contexto de la Segunda Guerra Mundial, Beria era comisario general de la Seguridad Estatal y posteriormente sería nombrado miembro del Comité de Defensa Estatal. El espionaje soviético durante la Segunda Guerra Mundial bajo las directrices de Beria tuvo grandes éxitos; extendió su organización a todos los territorios ocupados por los alemanes, con redes como la llamada *Orquesta Roja,* la dirigida por Richard Sorge desde Japón o la de Sándor Radó desde Suiza.

## LOS ESPÍAS DE LA ALEMANIA NAZI

Como consecuencia del Tratado de Versalles, el ejército alemán, o *Reichswehr,* creado oficialmente en 1921, tenía unas limitaciones muy severas en cuanto al número de sus fuerzas, ya que sus tropas se reducían a cien mil hombres. A su vez, el servicio de inteligencia alemán, o Abwehr, fue reorganizado ese mismo año con una infraestructura mínima. Dirigido por el comandante Friedrich Gempp, antiguo ayudante del gran maestro de espías, el coronel Walter Nicolai, tenía a su disposición diez hombres operativos más el personal de administración.

Con la llegada de los nazis al poder en Alemania, se desarrollará dentro del propio territorio germano una de las más temibles máquinas de espionaje organizada a partir de la división administrativa de dicho territorio. Así, desde principios de 1933, Alemania estaba dividida en treinta y dos regiones administrativas. Cada una de ellas lo estaba a su vez en círculos, y estos en grupos locales; los grupos locales en células, y cada célula en bloques. Cada una de estas divisiones tenía a su cabeza un jefe de región o *Gauleiter,* un jefe de círculo o *Kreisleiter,* un jefe de grupo local u *Ortsgruppenleiter,* un jefe de célula o *Zellenleiter* y un jefe de bloque o *Blockleiter,* respectivamente.

El jefe de región tenía bajo su mando a todos los miembros de su administración. Por su parte, el jefe de círculo era el responsable de la educación, de la formación política e ideológica de los jefes políticos, de los miembros del partido y de la población en general. El jefe de grupo local, que estaba bajo el mando directo del jefe de círculo, era el responsable de un conjunto de células donde se agrupaban alrededor de mil quinientos hogares. El jefe de célula, encargado de cuatro a ocho bloques de casas, era el mando directo del jefe de bloque. Este último conformaba la base misma del partido nazi; a él se le encomendaba la vigilancia de un bloque de casas, es decir, de cuarenta a sesenta hogares. En realidad, era el hombre más importante en la estructura de vigilancia de la policía secreta nazi, la temible Gestapo, instituida el 28 de abril de 1933. Se esperaba de él, por su contacto directo con la población, un conocimiento lo más perfecto posible de cada uno de los miembros que conformaban la comunidad del bloque que se encargaba de vigilar. Debía descubrir a los descontentos, a aquellos individuos que propagasen rumores nocivos y dar cuenta de ellos a su jefe superior para que pudiesen ser denunciados a las autoridades competentes del Estado, es decir, a su Policía Secreta. A ella se le entregaban los resultados de este espionaje científicamente organizado. Así, la Gestapo disponía, a través de los jefes de células y bloques, de decenas de millares de espías atentos, que controlaban el menor movimiento de cada alemán. Nada ni nadie podía escapar al control de la Gestapo. A partir de 1934, las SS (siglas de *Schutzstaffel* o 'Escuadrón de Defensa') se hicieron cargo de la policía secreta. De esta manera, la organización liderada por Heinrich Himmler se ocupó por entero del espionaje dentro de Alemania y de las zonas ocupadas por las tropas germanas mediante el Servicio de Inteligencia de las SS, el *Sicherheitsdients* o SD.

Pero el SD no sólo recababa inteligencia a través de la información suministrada por sus numerosos ciudadanos-agentes que se dedicaban a espiar a sus propios vecinos y conciudadanos. La mente de Reinhard Heydrich y la de su subordinado, el jefe del Servicio de Inteligencia, Walter Schellenberg, idearon una de las fuentes de información más curiosas de toda la Segunda Guerra Mundial: el Salón Kitty, un burdel de lujo situado en la calle Giesebrecht de Berlín. Su dueña, Kitty Schmidt, fue detenida por la Gestapo cuando pretendía huir a Gran Bretaña y fue obligada a colaborar con el Servicio de Inteligencia o SD, dirigido por Walter Schellenberg. La colaboración consistía en sustituir a algunas mujeres que trabajaban en el Salón

Himmler deseaba unificar dentro de las tropas bajo su mando, las SS, a todos los servicios secretos de la Alemania nazi, incluida la Abwehr, por lo que tuvo un fuerte oponente en el almirante Wilhelm Canaris, que terminó perdiendo en esta lucha por el poder del espionaje alemán. Fotografía de Heinrich Himmler, 1938. Bundesarchiv, Berlín.

Kitty por veinte agentes secretas nazis, para que, bajo la cobertura de prostitutas, recabaran información de la clientela del burdel, conformada por diplomáticos, militares, hombres de negocios e incluso altos jerarcas nazis. Las agentes tenían que dominar varios idiomas, así como conocer todas las graduaciones y los diferentes uniformes militares. Su espionaje encubierto servía no sólo para conseguir información de clientes extranjeros, sino, sobre todo, para probar la fidelidad de los jerarcas nazis que hacían uso de sus servicios, pues todas las conversaciones eran grabadas mediante micrófonos ocultos por las habitaciones.

## EL PREÁMBULO DE LA SEGUNDA GRAN GUERRA: LA GUERRA CIVIL ESPAÑOLA

A la par que Europa se preparaba para el mayor conflicto bélico que ha conocido el mundo, en España se producía el levantamiento de una parte de sus fuerzas armadas el 18 de julio de 1936, que condujo a una guerra civil. Esta contienda, de la misma manera que fue el teatro de operaciones de los ejércitos europeos para las futuras acciones en la guerra que iba a venir, también lo fue para los servicios de inteligencia de las mencionadas potencias. Como en todo conflicto, en la Guerra Civil española también actuaron diversos servicios de inteligencia. El 15 de agosto de 1937, el ministro de la Defensa Nacional, Indalecio Prieto, creó el Servicio de Inteligencia Militar (SIM) para ocuparse del espionaje y del contraespionaje. Con su creación se intentó unificar en un mando único y en una sola organización coordinadora los servicios de inteligencia operativos al servicio de las tropas republicanas. El SIM tuvo gran influencia del servicio secreto soviético u OGPU y sobre todo de su director en España, Alexander Orlov,

La genialidad de Walter Schellenberg en cuestiones de
espionaje quedó patente al utilizar sus relaciones personales
con la diseñadora francesa Coco Chanel, a la que usó para
atraerse a personalidades británicas, como el primer ministro
Winston Churchill. Fotografía de Walter Schellenberg,
tomada por Kurt Alber, 1943. Bundesarchiv, Berlín.

cuando su control cayó en la órbita comunista al ser dirigido por el político, escritor y compositor español Gustavo Durán. La línea de actuación que tomó a instancias de Orlov fue la eliminación de militantes y organizaciones críticas al Partido Comunista de España, como fue el caso del asesinato del dirigente del Partido Obrero de Unificación Marxista (POUM) Andreu Nin, en 1937 en Barcelona. Sin embargo, el gran informador de Stalin durante la Guerra Civil española fue, sin duda, el agente soviético Mijail Efimovich Koltsov. Este espía llegó a España como corresponsal del diario *Pravda* rodeado de una estela de gran periodista que participaba activamente en las decisiones del Comisariado General de Guerra, cuyo titular era Julio Álvarez del Vayo. Colaboró con los medios de comunicación afines al bando republicano, a los que aplicaba la censura editorial. Todas las informaciones políticas y militares a las que tuvo acceso, que fueron muy abundantes por sus excelentes relaciones por su posición, eran conocidas puntualmente no sólo gracias a sus artículos, sino también a sus informes enviados a los servicios secretos del NKVD al que pertenecía.

Para la inteligencia soviética también trabajó durante la Guerra Civil española Harold Adrian Russell, más conocido como Kim Philby, que lideró el llamado *Quinteto de Cambridge*. Fue enviado a España como corresponsal del periódico *London Times* para cubrir la información sobre la contienda española. Con esta cobertura, comenzó a publicar artículos favorables a Franco y al levantamiento, mientras transmitía la información recabada entre los sublevados a su centro de operaciones que estaba situado en París. Su doble juego le ganó el favor de los franquistas, hasta tal punto que, tras ser atacado por fuego de mortero el coche en el que viajaba con otros periodistas, que resultaron muertos por esa acción, fue condecorado por el propio Francisco

Franco. El hecho es aún más irónico al saberse que entre las misiones que tenía el agente Philby en España estaba la de atentar contra el general sublevado español, aunque finalmente esa misión fue abortada.

Al llegar al Ministerio de la Defensa Nacional en 1937, Indalecio Prieto, consciente de que la República no podía ganar la guerra al no tener la ayuda necesaria de los países democráticos, organizó un servicio de espionaje que unificó y coordinó todas las redes de inteligencia que servían para el bando republicano, el Servicio de Inteligencia Militar (SIM). Fotografía de Indalecio Prieto en la portada de la revista *Nuevo Mundo*, de 10 de marzo de 1933.

Kim Philby, conocido como el *Tercer Hombre,* ha sido considerado el espía por antonomasia del siglo xx por su capacidad de actuar como un agente doble al trabajar a la vez para el MI-6 británico y para los servicios soviéticos, incluso después de la Segunda Guerra Mundial.

Por otro lado, en la zona franquista existía el servicio de inteligencia con las siglas homónimas al republicano, pero que significaban en este caso Servicio de Información Militar, que pasó a llamarse en 1937 Servicio de Información y Policía Militar (SIPM). También actuaba en la facción sublevada el Servicio de Información de la Frontera Noroeste de España (SIFNE), desde 1936. Dicho servicio secreto fue dirigido por el abogado catalán Josep Bertrán i Musitu desde Biarritz. Para ello contó con el asesoramiento y ayuda material de la Abwehr, de la Gestapo, y de los servicios de inteligencia italianos. El SIFNE utilizaba distintas vías para recabar información, desde las publicaciones periódicas de la zona republicana a los refugiados que huían de dicha zona, así como sus propios espías; entre sus colaboradores estaban el escritor Josep Pla y la famosa cupletista Raquel Meller. Esta red de espionaje de naturaleza privada se fusionó el 28 de febrero de 1938 con el SIPM para coordinar los servicios de inteligencia y unificar la información obtenida. De esta unión nació el servicio de información de la posguerra, aunque el SIPM se convirtió en un órgano represivo cuya función era casi únicamente la de perseguir a todos los individuos contrarios al régimen de Franco.

## LA CONFLAGRACIÓN MUNDIAL

El estallido de la Segunda Guerra Mundial tuvo lugar tras una operación encubierta del ejército alemán planificada por el SD, el Servicio de Inteligencia de las SS. El 31 de agosto de 1939, tropas del tercer Reich vestidas con uniformes polacos atacaron la emisora de radio alemana de Gleiwitz, la actual ciudad polaca de Gliwice, simulando así una agresión polaca en suelo alemán. De los campos de concentración sacaron a presos comunes, a los que vistieron con ropas de soldados polacos. Estos fueron acribillados por los supuestos defensores de la estación de radio. Tras el ataque a la emisora, los soldados alemanes emitieron, en lengua polaca, violentas proclamas contra Alemania y anunciaron que Polonia había atacado victoriosamente al país germano. Esta acción, conocida como Operación Himmler, fue dirigida por el oficial de las SS Alfred Helmut Naujocks y orquestada por Reinhard Heydrich, a la sazón director de la Oficina Central de Seguridad del Reich (RSHA). Sirvió como pretexto para la invasión de Polonia, tan deseada por Hitler, y tuvo como consecuencia la Segunda Guerra Mundial.

Los servicios de inteligencia militar nazi durante la Segunda Guerra Mundial se basaron en la reorganización que hizo de la antigua Abwehr el almirante

Wilhelm Canaris en el año 1938. Este maestro de espías alemán dividió el organismo de inteligencia germano en tres secciones principales: en primer lugar, la división central, el eje neurálgico que controlaba el resto de las secciones; en segundo lugar, la sección extranjera; y, por último, las ramas de contraespionaje. Sin embargo, su carácter e ideales chocaron con los del régimen nazi desde la invasión de Polonia por el maltrato dado a la población por parte de las SS de Heinrich Himmler; llegó incluso a quejarse de ello ante el general Wilhelm Keitel, que le respondió que habían sido órdenes del propio Adolf Hitler.

Estas confrontaciones con el poder nacionalsocialista por sus inhumanas actuaciones le granjearon a Canaris la animadversión no sólo de los propios miembros de los servicios de inteligencia, como fue el caso de Walter Schellenberg, el jefe del contraespionaje alemán, sino también de los altos jerarcas nazis como Himmler o Reinhard Heydrich. Este último y Schellenberg pretendían que la Abwehr pasara a formar parte de las SS para que de esta manera tuviera el control absoluto sobre el espionaje alemán; sin embargo, no consiguieron su objetivo. Con todo, los complots de Heydrich no pararon, como ocurrió con el caso del general soviético Nicolás Skoblin, cuya información sobre la intentona de derrocar a Stalin cayó en manos de Canaris. Los agentes de Heydrich infiltrados en la Abwehr le informaron sobre tales documentos; el jerarca nazi planeó una acción de sabotaje que consistió en el robo de los documentos y en el posterior incendio de las oficinas de Canaris. De esta manera fue Heydrich quien entregó la información a Hitler, lo que ocasionaría la purga del Ejército Rojo tras ser filtrados dichos documentos al servicio secreto soviético.

El mayor éxito de la Abwehr bajo el mando de Canaris fue la Operación Polo Norte, en la que se

Reinhard Heydrich, con su mente fría y calculadora, como jefe de la RSHA, la Oficina Central de Seguridad del Reich, llevó con macabra perfección la persecución de todos los activistas antinazis, los enemigos del Reich, aplicando una crueldad y una dureza inimaginables. Retrato de Reinhard Heydrich, de O. Ang, 28 de agosto de 1940. Bundesarchiv, Berlín.

desmanteló la red clandestina de la resistencia de los Países Bajos, apoyada por la SOE, la Dirección de Operaciones Especiales británica. Dicha acción consistió en la captura en 1941 de un operador de radio de la SOE para que transmitiera a Gran Bretaña, en un código cifrado, los mensajes que los servicios secretos alemanes del Abwehr le pasaban. De este modo, durante dos años los alemanes pudieron capturar a los agentes británicos que eran introducidos en el continente siguiendo las consignas falsas emitidas desde los Países Bajos.

El final del almirante Wilhelm Canaris, como no podía ser de otro modo, llegó tras una operación de espionaje. En septiembre de 1943 un agente de la Gestapo, el doctor Paul Reckzeh, fue invitado a una reunión del llamado *Círculo de Solz,* un grupo de alemanes disidentes de la doctrina nazi liderado por Hanna Solz, en el que participaban intelectuales, militares y políticos. Cuando el agente infiltrado los delató, algunos miembros consiguieron huir. Como algunos de ellos tenían contactos con el Abwehr y Canaris, los servicios de la Gestapo creyeron que habían entregado los códigos de inteligencia de la Abwehr a los aliados. Esto hizo que Canaris cayera bajo la sospecha de connivencia ante los jerarcas nazis. Dichas sospechas se convertirían en su caída final tras el atentado frustrado contra Hitler el 20 de julio de 1944 durante la llamada Operación Valquiria, orquestada por el grupo del coronel Claus von Stauffenberg. Canaris fue condenado a morir en la horca en el campo de concentración de la ciudad alemana de Flossenbürg el 9 de abril de 1945, acusado por conspiración contra el *führer.*

## EL AGENTE *CICERÓN*

El servicio de inteligencia nazi también utilizó los canales de la diplomacia para el espionaje, fundamentalmente en Turquía. Para ello se sirvió del ofrecimiento

Las matanzas masivas llevadas a cabo por las SS de Himmler y el hecho de no comulgar con las ideas nacionalsocialistas empujaron a la mayor figura del espionaje alemán, el almirante Wilhelm Canaris, a apoyar las intentonas para acabar con el culpable de tanto horror, Adolf Hitler. Retrato de Wilhelm Canaris, de O. Ang, entre 1940 y 1944. Bundesarchiv, Berlín.

para trabajar como espía de los alemanes hecho por Elyesa Bazna, un albanés nacido en Pristina, en la actual Kosovo. Bazna trabajaba desde 1942 como ayuda de cámara del embajador británico en Ankara, sir Hugue Knatchbull-Hugessen. En octubre de 1943 comenzó por su cuenta a fotografiar documentos oficiales de la embajada británica y se los ofreció a los alemanes a través de Ludwig Moyzisch, agente del Servicio Secreto alemán, enviado por Walter Schellenberg a Turquía. Tras entrevistarse ambos hombres, Moyzisch le puso al corriente de la operación al embajador alemán en Turquía, Franz von Papen; después le envió un telegrama al Ministro de Asuntos Exteriores, Joachim von Ribbentrop, quien informó a Walter Schellenberg de la operación, el cual finalmente aceptó la proposición. Desde ese momento, Bazna empezó a espiar de manera continua para los alemanes con el nombre en clave de *Pedro*. La información dada por el espía albanés fue muy importante, ya que entregó la correspondencia secreta entre el *Foreign Office* británico y su embajada en Turquía, las anotaciones del embajador acerca de las relaciones de Moscú y Ankara y, por último, un informe sobre la entrega de material militar por parte de Estados Unidos a la Unión Soviética. Todo este caudal de inteligencia sorprendió tanto a Von Papen que cambió el nombre en clave de su espía por el de *Cicerón*. Sin embargo, en Berlín tenían graves sospechas de que la información estuviera intoxicada. Los servicios secretos aliados, fundamentalmente el estadounidense que operaba en Ankara, sospechaban que había un topo en la embajada británica.

Al mismo tiempo, Allan Dulles, el jefe de la OSS, es decir, la Oficina de Servicios Estratégicos estadounidense, embrión de lo que será la futura CIA, se enteró desde su central en Suiza de la existencia de *Cicerón* gracias a otro agente infiltrado que trabajaba para los estadounidenses en el Ministerio de Asuntos Exteriores del Reich. Para neutralizar a *Cicerón*, otra agente del OSS, la alemana Cornelia Knapp, hija del cónsul alemán en Sofía, la capital búlgara, empezó a trabajar en

No todos los espías trabajaron por una causa, por ideales, sino que algunos lo hicieron simplemente por la ambición de ganar dinero, como fue el caso de Elyesa Bazna. Cuando al final de la guerra se vio arruinado porque se le había pagado con libras esterlinas falsas, Bazna interpuso una querella contra el Gobierno de la República Federal de Alemania para que se le pagaran sus emolumentos por sus servicios prestados al Tercer Reich. Su pleito fue, obviamente, un fracaso. Elyesa Bazna, h. 1950.

la embajada de Ankara y así pudo vigilar los movimientos del espía de los alemanes. Aunque Bazna consiguió transmitir la que fue su información más importante, el nombramiento de Eisenhower como comandante en jefe de la Operación Overlord y el inminente desembarco de las fuerzas aliadas, ya en 1944 se sentía acorralado por los servicios de contraespionaje estadounidense. Ante el peligro de ser desenmascarado huyó de Ankara con el dinero que le había pagado el servicio secreto alemán; sin embargo, gran parte de ese dinero cobrado en libras esterlinas era falso, puesto que procedía de la llamada Operación Bernhard u Operación Krüger, ideada por Reinhard Heydrich para financiar las misiones de las SS y la Gestapo y producir una grave recesión en la economía británica.

## LA RESISTENCIA FRANCESA

Tras la invasión de Francia por las fuerzas del Tercer Reich en junio de 1940, se crearon, tanto en territorio francés como en Gran Bretaña, una serie de movimientos contrarios a la ocupación nazi conocidos genéricamente como Resistencia. La Resistencia Exterior, que estaba liderada por el general francés exiliado Charles de Gaulle, englobaba la red de las Fuerzas Francesas Libres; por su parte, la Resistencia Interior era un entramado plural de organizaciones clandestinas que operaban de una manera independiente. La más importante fue la red *Alliance*, formada en 1941 por iniciativa del comandante francés Georges Loustaunau-Lacau. Bajo el nombre en clave de *Navarre* organizó su red de espías por Francia. Con todo, la red *Alliance* no llegó a su punto álgido hasta que se hizo cargo de ella Marie-Madeleine Fourcade, alias *Erizo*, cuando Loustaunau-Lacau fue entregado a la Gestapo por el Servicio de

Orden Legionario, verdadero sustituto colaboracionista de la policía francesa. Con ella el grupo, que tenía su sede central en el pueblo francés de Pau, se extendió por Marsella y Toulouse en el año 1941.

*Alliance* se dedicaba fundamentalmente a transportar material y agentes a las zonas ocupadas para apoyar a los demás grupos de oposición a los nazis. También servía de enlace con Londres, ya que trabajaba para la SOE mediante seis emisoras de radio, con las que informaba de los movimientos de las tropas alemanas, de los resultados de los bombardeos de los cazas británicos... Perseguida por la Abwehr y la Gestapo, al final de la contienda la red *Alliance* había sufrido más de quinientas treinta y ocho muertes entre sus agentes.

La Francia ocupada conoció también otras muchas redes de espionaje ligadas a la Resistencia como la liderada por el armenio Missak Manuchian, o el Movimiento Liberación Sur, en el que operaba Anne-Marie Bauer, que, bajo el nombre en código de *Claudine,* se encargaba de transportar mensajes y prensa clandestina entre sus compañeros de resistencia; más, tarde, con el pseudónimo de *Kim,* trabajó en el sistema codificado de guía nocturna por radio, conocido como Eureka, que servía para coordinar las acciones de los paracaidistas británicos del SOE. Su actividad clandestina terminó al ser detenida en Lyon y puesta en manos del *Carnicero de Lyon,* el oficial de las SS Klaus Barbie, cuyas torturas durante el interrogatorio le causaron a Anne-Marie lesiones en la columna vertebral.

De Gaulle quiso unificar todas estas organizaciones clandestinas, y para ello envió a Jean Moulin, su principal colaborador, a la ciudad francesa de Lyon para que coordinara la inteligencia y las acciones de los diversos grupos de resistentes. Con ese fin se creó el Consejo Nacional de la Resistencia, cuyo primer presidente fue el propio Moulin o *Max,* como era conocido por su

Los veintitrés miembros del grupo del armenio Missak Manuchian, el FTP-MOI o Francotiradores y Partisanos-Mano de Obra Inmigrante, fueron ejecutados por un pelotón de fusilamiento el 21 de febrero de 1944. Por toda Francia se difundió el Cartel Rojo o *Affiche Rouge*, donde aparecían los diez miembros más destacados de la «Red Manuchian». *Affiche Rouge* o «Cartel Rojo», febrero de 1944. Biblioteca Nacional de Francia, París.

nombre en clave. Su final, según algunos historiadores, le llegó tras ser traicionado por uno de los componentes de su red de espías, René Hardy, que lo entregó a la Gestapo de Lyon. El jefe de la policía secreta alemana en esa ciudad, *el Carnicero de Lyon,* se encargó también de su interrogatorio, pero fue tan brutal que Moulin murió, sin haber dado ninguna información sobre sus compañeros, durante su traslado a París, cuando se pretendía que siguiera siendo interrogado allí.

## LA LUCHA DE LOS CÓDIGOS

Uno de los aspectos fundamentales del espionaje en la Segunda Guerra Mundial fue la seguridad en las comunicaciones militares. El ejército alemán, para preservar la privacidad de sus mensajes, utilizaba un encriptador propio: la máquina *Enigma,* que tenía un código supuestamente impenetrable, denominado con el mismo nombre, con el que se comunicaba el ejército alemán o *Wehrmacht.* Para poder romper dicho código, los aliados crearon en 1939 un departamento secreto en Bletchley Park, en el condado inglés de Buckingham, en Gran Bretaña, cuyo nombre en clave era *Boniface,* que se dedicaba a descifrar los mensajes del ejército alemán. En él trabajaban un elenco de brillantes matemáticos, ingenieros y lingüistas; entre los que destacaban los británicos Alan Mathison Turing, Gordon Welchman e Irving John Good. El trabajo denodado de estos hombres dio como resultado las máquinas descifradoras llamadas *bombas* de Turing, que conseguían romper los códigos de las máquinas Enigma. No obstante, algunos códigos eran más difíciles de descodificar que otros, ya que la Marina alemana, la *Kriegsmarine,* utilizaba una versión más avanzada y sofisticada de la máquina Enigma, ante la que las bombas de Turing eran inservibles; esta nueva versión, la

M4, cuyo nombre en clave era *Shark* ('Tiburón'), fue introducida en 1942. La única solución para romper el código era el espionaje, la infiltración y el robo para obtener las claves alemanas.

El escritor británico Ian Fleming, el creador de James Bond y miembro de la Inteligencia Naval, sugirió estallar en el canal de la Mancha un bombardero alemán capturado cerca de un barco de la misma nacionalidad. Los pilotos del avión, haciéndose pasar por alemanes, se apoderarían de los libros de códigos, cuando fueran rescatados por los marineros del barco. Esta acción, a la que se le dio el nombre de Operación Implacable, no fue ejecutada por las dificultades que conllevaba. Sin embargo, los libros de códigos se consiguieron con ataques a submarinos y a barcos meteorológicos. Estas acciones, llamadas *pellizcos,* permitieron determinar con precisión la situación de los submarinos alemanes y así asegurar el tránsito de las flotas británicas.

A pesar de la utilización más o menos extendida en la Segunda Guerra Mundial de criptógrafos automáticos y de ordenadores eléctricos, el factor humano fue insustituible a la hora de la codificación secreta. Así ocurrió, por ejemplo, en la campaña del Pacífico, en la que los estadounidense utilizaron una máquina de cifrado muy segura, la SIGABA, pero muy lenta: el texto cifrado tenía que enviarse mediante operadores de radio, que a su vez tenían que pasar el texto cifrado a un experto en cifras, que debía introducirlo letra por letra en otra SIGABA. El proceso de cifrado en acciones rápidas era, por lo tanto, inútil; esta comunicación codificada no servía para entornos hostiles como las selvas de las islas del Pacífico. Un ingeniero estadounidense, Philip Johnston, le planteó en 1942 al teniente coronel James E. Jones la posibilidad de utilizar a indios navajos en las compañías de transmisiones para codificar y enviar los mensajes y órdenes del mando en su propia

La ligereza de la máquina Enigma, que no llegaba a 12 kilos de peso, hacía muy fácil el traslado y la operatividad de este aparato de cifrado, ya que, sin grandes problemas, podía ser transportada a las zonas de combate. Así se demuestra en esta fotografía hecha por Erich Borchert (mayo-junio de 1940) en la que los agentes codificadores han montado una máquina Enigma en un vehículo semioruga Sd.Kfz.251 al mando del general Heinz Guderian, jefe del 2.º Grupo Pánzer. Bundesarchiv, Berlín.

lengua, sin tradición escrita y sólo conocida por muy pocos hablantes, lo que impedía que las tropas japonesas pudieran comprender los mensajes transmitidos por los soldados estadounidenses. Tras la instrucción recibida en el cuartel de San Diego, en Estados Unidos, la primera promoción de operadores de radio navajos se graduó el 27 de junio de 1942. La idea inicial de Philip Johnston fue un total éxito, puesto que los japoneses no fueron capaces de romper el código navajo durante la guerra del Pacífico.

Para las tropas estadounidenses de marines, las comunicaciones en la Guerra del Pacífico fueron un gran problema, porque sus códigos eran fácilmente descodificados por los japoneses. Para evitar esto, se propuso la utilización de las lenguas de los indios nativos estadounidenses. Entre todas las posibles se eligió la de los indios navajos porque no había ningún especialista alemán ni japonés que la hablara. Fotografía de la primera promoción del Pelotón 382 de soldados navajos, San Diego, 27 de junio de 1942.

## LA OPERACIÓN CARNE PICADA O «EL HOMBRE QUE NUNCA EXISTIÓ»

La operación de decepción o engaño más asombrosa llevada a cabo por el Servicio de Inteligencia británico tuvo lugar en las costas españolas de Huelva el 30 de abril de 1943; su nombre en clave era *Carne Picada* (*Mincemeat*, en inglés). El mando aliado pretendía invadir la isla italiana de Sicilia, pero quiso hacer creer al Alto Mando alemán que la acción se realizaría contra las costas griegas y las islas de Cerdeña y Córcega. Para llevar a cabo dicha operación abandonaron en aguas españolas un cadáver vestido con un uniforme de comandante de la Armada británica, el cual llevaba consigo falsos documentos secretos. La idea partió del capitán de corbeta Ewen Montagu, oficial de la inteligencia naval, y del capitán de la Real Fuerza Aérea (RAF) británica, Charles Chalmondeley, del MI-5. Consistía el plan en dar a un cadáver anónimo la falsa identidad de William Martin, comandante de los *Royal Marines,* destinado en el Cuartel General de Operaciones Combinadas. El cuerpo del náufrago ahogado portaba documentación clasificada secreta con información sobre una falsa Operación Husky, que consistía en la invasión de las costas griegas y de las islas del Mediterráneo occidental, Córcega y Cerdeña. También se informaba de que la invasión de Sicilia era simplemente una operación de cobertura y de diversión, es decir, sólo pretendía desviar la atención de las fuerzas alemanas sobre este objetivo. Sin embargo, las intenciones del mando aliado eran las contrarias: pretendían la invasión de la isla italiana de Sicilia.

Cuando se tuvo noticia de la falsa identidad del fallecido, los británicos reclamaron al ejército español los documentos que transportaba el supuesto comandante

La fama del general Patton entre el Alto Mando alemán fue utilizada como maniobra de diversión para el día D, el de la invasión de Europa por las fuerzas aliadas, al hacer creer a los alemanes que sería él el que desembarcaría por el paso de Calais en Francia con un ejército estadounidense ficticio que sólo disponía de barracones vacíos, carros de combate y cañones falsos, que engañaron totalmente a los aviones espías de la Luftwaffe. Boleslaw Jan Czedekowsky, *Retrato de George S. Patton,* 1945. The National Portrait Gallery, Washington.

Martin. El 13 de mayo de 1943, el Estado Mayor naval español remitió las pertenencias del marino al agregado militar británico. Sin embargo, dicha información había llegado anteriormente a los servicios secretos alemanes. Ante la información aportada por dichos documentos, los alemanes cambiaron su estrategia en el Mediterráneo. Interrumpieron las obras de defensa de Sicilia y reforzaron la vigilancia de Córcega, Cerdeña y las costas del Peloponeso griego. En la noche del 9 al 10 de julio de 1943 se iniciaba la verdadera Operación Husky, una de las operaciones anfibias más importantes de la Segunda Guerra Mundial, que supuso la dominación de la isla de Sicilia por las tropas del general estadounidense George Smith Patton y del británico Bernard Montgomery.

## LA OPERACIÓN FORTITUDE O EL ENGAÑO FINAL DE GARBO

El general Patton también intervino en la operación de decepción más famosa e importante de toda la Segunda Guerra Mundial, la Operación Fortitude, que sirvió como engaño para el desembarco de Normandía. Los aliados pretendían hacer creer al Alto Mando alemán que las tropas angloamericanas desembarcarían en la ciudad francesa de Calais. Para ello utilizaron a un agente doble español, Juan Pujol García, alias *Garbo* para los británicos y *Arabel* para los alemanes.

Este maestro del espionaje consiguió engañar a los servicios secretos alemanes al hacerles creer que tenía una red de agentes secretos a sus órdenes, pero en realidad sólo eran nombres ficticios. Unas veces enviaba información intoxicada, que le proveía el Servicio Secreto de Inteligencia británico; otras veces, transmitía información verdadera pero con un cierto

Juan Pujol García fue el espía español más importante de la historia porque, como un magistral escritor de novelas, se inventó una red de espionaje totalmente ficticia en la que sus inexistentes agentes actuaban como personajes en las manos de un brillante talento para el espionaje. Tal fue la decepción que convenció al mismísimo *führer*.

retraso para que el ejército alemán no tuviera tiempo de reacción. Cuando los servicios secretos de la Abwehr le dijeron que tenían la sospecha de que los aliados estaban preparando la invasión de Europa, le encargaron que les mantuviera informados de los acontecimientos. Este era el plan en el que *Garbo* representaría un papel fundamental. El espía español envió información falsa a Berlín al comunicarles que el desembarco se realizaría en la citada zona costera francesa de Calais. Esa información coincidía con la idea del propio Hitler de que era el punto más probable de ataque aliado, al ser para Gran Bretaña el más cercano al continente. Los aliados, a su vez, planificaron la acción de decepción con un ejército fantasma, el llamado «Primer Grupo del Ejército de los Estados Unidos», cuyas siglas eran FUSAG, con once inexistentes divisiones de 150.000 hombres bajo las órdenes del general George Smith Patton, ya que los alemanes pensaban que sería él, por su prestigio militar, el que dirigiría la acción. Cuando empezó la verdadera Operación Overlord, es decir, el auténtico y decisivo desembarco de Normandía, los generales alemanes creyeron que era una operación de diversión, igual que ocurrió en Sicilia, que ocultaba la verdadera invasión aliada de Calais. Paradójicamente, la labor de espionaje de Pujol fue recompensada por el propio Hitler con la Cruz de Hierro. No es exagerado, pues, afirmar que la labor de Pujol lo convirtió en «el hombre que salvó el mundo».

## LA *ORQUESTA ROJA*

El discurrir de los acontecimientos acaecidos en Europa a finales de la década de los años 30, se vio acompañado por un gran aumento del espionaje soviético por toda Europa occidental. Desde el año 1938 operó una de las redes de espionaje más importantes de toda la Segunda Guerra Mundial: la *Orquesta Roja* o *Die Rote Kapelle,* como fue conocida por los alemanes. Esta red era, en realidad, una triple organización, puesto que constaba de tres ramas que se extendían por sendas zonas europeas. En primer lugar, estaba la red de Berlín dirigida por Harro Schulze-Boysen; en segundo lugar, la red de Bruselas-París-Ámsterdam, cuyo director era Leopold Trepper, nombre en clave más conocido de Lejb Domb; y, finalmente, la red de Suiza, que estaba en manos del húngaro Sándor Radó. En esta última operaba uno de los espías más prodigiosos, Rudolf Roessler. Este editor de origen alemán creó su propia red de espionaje, conocida con el nombre en clave de *Círculo de Lucy*. Mediante sus agentes pudo informar a Sándor Radó, alias Dora, de las operaciones militares que planeaban realizar las tropas alemanas. Llegó incluso a revelar las intenciones del ejército nazi de invadir la Unión Soviética, es decir, la Operación Barbarroja, información que transmitió a la Orquesta Roja y que fue comunicada a Moscú. Sin embargo, Iosif Stalin, el máximo dirigente de la URSS, no dio credibilidad a las informaciones que le llegaban desde la *Orquesta Roja* debido, quizás, a la obsesiva desconfianza de la que hizo gala a lo largo de su vida.

## «EL HOMBRE QUE SALVÓ EL COMUNISMO»

Stalin no sólo desoyó los informes de la *Orquesta Roja* sobre la invasión alemana de la Unión Soviética, también hizo caso omiso del mejor agente que tenía bajo su mando: Richard Sorge. «El hombre que salvó el comunismo», como llegó a ser llamado Sorge, aunque nació en Bakú, en la actual Azerbaiyán, era de nacionalidad alemana, lo que le permitió actuar como agente del servicio secreto soviético bajo la cobertura de periodista del diario alemán *Frankfurter Zeitung* e incluso unirse al partido nazi en 1929. Como corresponsal de dicho periódico, viajó a la ciudad china de Shangái en 1930 para recabar información sin levantar sospechas y fomentar la revolución comunista. Tres años después comenzó su aventura japonesa con el fin de organizar una red de espionaje en el país nipón. Llegó a Japón el 6 de septiembre. Allí estableció una red de espionaje que estaba formada por individuos cercanos al primer ministro japonés, Fumimaro Konoe, como el periodista Hotsumi Ozaki, que le proporcionó información secreta sobre el Gobierno nipón. Asimismo, como periodista alemán y miembro del partido nazi, mantuvo contacto directo y personal con el embajador alemán Eugen Ott, lo que le permitió tener acceso a las personas más influyentes de Japón. Estos contactos le permitieron obtener información privilegiada, que fue puntualmente comunicada a Moscú, como el ataque japonés a Pearl Harbor o la invasión de la Unión Soviética por las tropas de Hitler, aunque, tal como ya hemos adelantado, Stalin no creyó tales informaciones. No obstante, el 14 de septiembre de 1941 Sorge comunicó a la Unión Soviética un mensaje que cambió radicalmente el curso de la Segunda Guerra Mundial. El espía informó a Moscú que Japón no pretendía atacar a la Unión Soviética, ya que aún no estaba preparada para el asalto al tener abiertos varios frentes en Asia. Esto suponía la posibilidad de enviar hacia los frentes de Stalingrado y Moscú a las divisiones de vigilancia en Siberia, que se encontraban frescas al no haber tenido que entrar en combate.

Richard Sorge es el ejemplo clásico del destino que tienen los espías al ser desenmascarados: el país al que han servido se desentiende de ellos negando toda relación con el agente capturado. En el caso del maestro de espías, Richard Sorge, su reconocimiento tuvo que esperar veinte años; sólo entonces se le declaró héroe de la Unión Soviética. Vladimir Efimovich Tsigal, monumento a Richard Sorge, 1985. Tsigal, Moscú.

Todas estas informaciones pusieron en peligro al círculo de espías de Sorge, ya que la *Kempeitai,* la policía militar japonesa, que tenía las funciones del servicio secreto, interceptó sus mensajes enviados a Moscú. Cuando fue detenido el 18 de octubre de 1941, el embajador defendió a su amigo alemán, al creer que era un espía que trabajaba para la Abwehr. Sin embargo, los servicios secretos alemanes negaron su vinculación con Sorge y, por su parte, los japoneses demostraron que era un agente soviético. Ante las pruebas, el espía «que salvó el comunismo» fue ejecutado en la horca el 7 de noviembre de 1944.

## El comienzo del Quinteto de Cambridge

Al igual que Richard Sorge fue reclutado por los servicios secretos soviéticos, en la Universidad de Cambridge, en el Trinity College y el King's College, en Gran Bretaña, un grupo de jóvenes y brillantes estudiantes procedentes de familias acomodadas y de la alta sociedad británica fue captado por el NKVD, o Comisariado del Pueblo para Asuntos Internos soviético, durante la década de los años treinta del siglo xx. A este grupo de estudiantes se le denominó los *Cinco de Cambridge, Círculo de Cambridge o Quinteto de Cambridge.* Eran Kim Philby, cuyo nombre en clave era *Stanley;* Anthony Blunt, conocido como *Johnson;* John Cairncross, o *Liszt;* Donald Duart MacLean, llamado en clave *Homer,* y Guy Burgess, o *Hicks.* La actuación de los Cinco de Cambridge como espías de la Unión Soviética durante la Segunda Guerra Mundial pasó totalmente desapercibida para los servicios secretos británicos, ya que, a pesar de que se encargaron de enviar información al Kremlim, no dejaron de servir a la causa aliada desde sus distintos puestos, incluso en el MI-6, como Donald MacLean y

Guy Burgess, quien introdujo también a Kim Philby en el *Foreign Office,* donde trabajó John Cairncross; o en el MI-5, la agencia de seguridad interna británica, centro de operaciones de Anthony Blunt. No obstante, la labor de esos agentes al servicio de los intereses comunistas no saldrá a la luz hasta el período conocido como la Guerra Fría, época en la que su labor de espionaje fue mucho más productiva e intensa y que analizaremos más adelante con mayor detenimiento.

## ESPÍAS DE LA BOMBA ATÓMICA

Los últimos compases de la Segunda Guerra Mundial dieron paso a un objetivo que será crucial para el espionaje posterior a la guerra: el armamento atómico. Los días 6 y 9 de agosto del año 1945, en los estertores del conflicto, en el contexto de la Guerra del Pacífico, Estados Unidos lanzó sendas bombas atómicas contra las ciudades japonesas de Hiroshima y Nagasaki. Previamente hubo un trabajo ingente de investigación en el que estuvieron implicados científicos de numerosos países. La Unión Soviética también quiso entrar en la carrera atómica, pues Stalin tenía como objetivo prioritario para la seguridad de su país conseguir la bomba de plutonio, para lo cual había creado la Operación Borodino con tal fin. A pesar de la existencia de este proyecto, Lavrenti Beria, como director de los servicios rusos, puso a sus agentes en Occidente ante la misión de recabar toda la información posible sobre los avances técnicos que hubiese en relación con la tecnología atómica.

No sólo efectuaron labores de espionaje los agentes comunistas pertenecientes al Círculo de Cambridge (John Cairncross, Donald MacLean o Kim Philby), sino que los servicios soviéticos supieron captar a algunos de

Al igual que Klaus Fuchs, numerosos espías de la bomba atómica sirvieron como agentes soviéticos movidos, en parte, por sus ideales comunistas, para que no sólo tuviera el bloque capitalista liderado por Estados Unidos el poder destructor del átomo. De esta manera aceleraron la consecución de la bomba por parte de la Unión Soviética y alcanzaron el buscado equilibrio de fuerzas entre los dos bloques antagónicos. Fotografía de Klaus Fuchs, hacia 1930; US National Archives and Records Administration, Washington DC.

los propios científicos que trabajaban en los proyectos secretos, como fue el caso del físico de origen alemán Klaus Fuchs, que suministró información secreta sobre las investigaciones llevadas a cabo en el Proyecto Manhattan sobre la bomba atómica. Fuchs tenía como correo para enviar su información a Moscú a una agente soviética de origen alemán, llamada Ruth Werner, que ya había servido en la Segunda Guerra Mundial dentro de la red de espías de la *Orquesta Roja*. La labor de estos espías científicos no cesó con el final de la conflagración mundial, sino todo lo contrario, se acrecentó al final de ella cuando el mundo se vio arrastrado a la Guerra Fría tras polarizarse en dos bloques antagónicos: el comunista y el capitalista.

# 6

# La edad de oro del espionaje: la Guerra Fría

## INTRODUCCIÓN

Tras el final de la Segunda Guerra Mundial, una vez caídas las potencias del eje fascista, el mundo se dividió en dos bloques irreconciliables: el representado por la Unión Soviética y el liderado por Estados Unidos. Se inició, pues, otro período de «paz armada» conocido como Guerra Fría. Esta etapa se extendió entre los años de la posguerra del conflicto mundial y la caída de la Unión Soviética, en 1991. La Guerra Fría se caracterizó por la existencia del llamado *Telón de acero*, es decir, la frontera infranqueable entre los países del bloque comunista y los del capitalista, lo que condujo a que cada una de las zonas creara su propia alianza militar –el bloque occidental instituyó la Organización del Tratado del Atlántico Norte (OTAN) el 4 de abril de 1949, y la

URSS, el Pacto de Varsovia el 17 de mayo de 1955–; y a que la amenaza permanente de guerra atómica también caracterizara este momento histórico, así como la guerra económica y propagandística entre los dos bloques. Los enfrentamientos militares indirectos en terceros países aumentaban la tensión entre las dos superpotencias, tal como ocurrió entre 1950 y 1953 con la Guerra de Corea, en 1962 con la crisis de los misiles de Cuba, o durante la Guerra de Vietnam. Por último, la Guerra Fría tuvo como principal característica el espionaje entre los países que componían los bloques antagonistas, así como entre las dos potencias. Ambas infiltraron agentes para conseguir secretos estratégicos y tecnológicos, hasta tal punto que se llegó a una verdadera psicosis por creer tener al enemigo dentro del país.

## El cambio de bando de Reinhard Gehlen

La derrota alemana era ya inminente en la primavera de 1945. Conscientes de ello, los jerarcas nazis optan por sus propias soluciones finales. Adolf Hitler, Joseph Goebbels, Hermann Wilhelm Göring y Heinrich Himmler se suicidan; otros son encarcelados o ajusticiados tras los Juicios de Nuremberg. Un general mayor del ejército alemán optó por una salida mucho más maquiavélica. Reinhard Gehlen, el jefe del *Abteilung Fremde Heere Ost,* el departamento de la Abwehr encargado del Ejército Extranjero del Este, creó un exhaustivo archivo que abarcaba cualquier aspecto civil o militar sobre el enemigo soviético. Toda la información referente a la URSS, por muy insignificante que pareciera, tenía interés para Gehlen y sus agentes. El general alemán sabía que todo este conocimiento acerca de la Unión Soviética le podría servir tras el hundimiento del Reich nazi, como así ocurrió. Consciente de la inminencia de la caída del ejército alemán, Gehlen microfilmó toda la información en su poder y la enterró en diferentes lugares de los Alpes austriacos. Sabedor de que la muerte sería su fin si era atrapado por el Ejército Rojo, se entregó a las tropas estadounidenses el 22 de mayo de 1945. El capitán del servicio de contraespionaje estadounidense, John Robert Boker, se encargó de interrogarlo; el general alemán le comunicó que tenía información muy valiosa sobre la Unión Soviética y se ofreció a colaborar con los estadounidenses a cambio de su libertad y la de sus hombres.

Los servicios secretos estadounidenses se percataron al punto de la importancia que atesoraban los archivos que habían recabado Gehlen y su equipo y de la necesidad que tenía el espionaje estadounidense de tal caudal informativo. Por ello, la OSS, la Oficina de Servicios Estratégicos, el servicio secreto de Estados Unidos que actuó durante la Segunda Guerra Mundial, no dudó en captar a Gehlen con el fin de que trabajara para el servicio secreto estadounidense, ya que este sabía que, acabado el poder de la Alemania nazi, la siguiente amenaza a la que tendrían que enfrentarse los estadounidenses era el gigante soviético. Tras la rendición de Japón, el 20 de septiembre de 1945, Gehlen y tres de sus colaboradores fueron enviados secretamente a Estados Unidos. Allí empezaron a colaborar con la OSS al revelarles que entre sus filas había miembros comunistas. Los servicios secretos estadounidenses, que no estaban preparados para enfrentarse al antiguo aliado soviético, habían encontrado en el general alemán una herramienta fundamental para la dirección del espionaje contra la URRS. Para que Gehlen y sus colaboradores pudieran llevar a cabo tal cometido, consiguieron apoyo de la OSS para formar una organización dedicada a la búsqueda de toda la información relacionada con la

Unión Soviética en los campos militar, político, económico y científico. La *organización Gehlen,* como fue conocida hasta el año 1955, se estableció en Pullach, en los alrededores de la ciudad alemana de Múnich. El Gobierno de Estados Unidos puso la que fuera «Ciudad Comunitaria Rudolph Hess» a disposición de los agentes de Gehlen, que se convirtieron en los ojos y los oídos del servicio secreto estadounidense en el territorio de la Unión Soviética.

Reinhard Gehlen aprovechó sus conocimientos sobre la URSS para conseguir salvarse de los juicios sumarísimos contra los altos mandos del ejército alemán. Su valiosa aportación a la inteligencia estadounidense hizo que el Gobierno de Washington estuviera preparado para la Guerra Fría contra la Unión Soviética. O. Ang, retrato de Reinhard Gehlen, 1944. Bundesarchiv, Berlín.

## De la OSS a la CIA

A la par que Gehlen y sus agentes empezaban a operar para Estados Unidos, la Oficina de Servicios Estratégicos, la OSS, dirigida por el general estadounidense William

Joseph Donovan, conocido por *Wild Bill*, fue disuelta por el presidente Harry S. Truman. Dicha disolución tuvo lugar el 20 de septiembre de 1945. En enero del año siguiente, el presidente estadounidense la sustituyó temporalmente por el Grupo Central de Inteligencia (CIG). En 1947, la Ley de Seguridad Nacional, firmada por Truman el 22 de enero, aparte de reorganizar el ejército estadounidense, estableció la creación de la Agencia Central de Inteligencia, o CIA, la primera fundada en Estados Unidos en tiempo de paz. En la creación de la CIA también influyó el recuerdo de Pearl Harbor, ya que el Congreso de Estados Unidos, al aprobar la Ley de Seguridad Nacional, adujo como motivo para justificar la nueva agencia los fallos en la inteligencia que se habían cometido al no prever el ataque japonés de 1941.

La institución de la CIA ciertamente dejó en un segundo plano al FBI de John Edgar Hoover en relación al espionaje fuera de las fronteras estadounidenses. Las operaciones de inteligencia en Hispanoamérica las llevaba a cabo la Oficina de Hoover, y en su fuero interno pensaba que el FBI terminaría ocupándose de la inteligencia de Estados Unidos en el extranjero. Así pues, no admitió de buena gana que en tiempos de paz se creara una agencia de inteligencia centralizada que se ocupara del espionaje internacional. Por ello, cuando la CIA se hizo cargo de esa parcela del espionaje, Hoover recurrió al sabotaje: ordenó que sus agentes de Sudamérica quemasen los archivos antes que entregárselos a la agencia «rival».

No obstante, la labor de espionaje dentro de Estados Unidos siguió estando en manos de los hombres de Hoover, tal como se descubrió en 1971, cuando salió a la luz el Programa de contrainteligencia o COINTELPRO, que fue operativo desde 1956 hasta su descubrimiento. Su cometido abarcaba la vigilancia, el espionaje, las operaciones encubiertas contra los movimientos que se consideraban radicales y potencialmente peligrosos para el Gobierno de Estados Unidos, como el Ku Klux Klan y el Partido Nazi Americano, el Partido Comunista de Estados Unidos o PCUSA, el Partido Pantera Negra, liderado por Huey Percy Newton y Bobby Seale, de ideología marxista, o incluso movimientos pacifistas no violentos por la defensa de los derechos civiles como la Conferencia Sur de Liderazgo Cristiano, del pastor Martin Luther King.

La figura de John Edgar Hoover ha estado siempre rodeada de polémica, ya que como director del FBI llegó a espiar y a poseer expedientes de todos los personajes influyentes, incluidos los propios senadores y congresistas estadounidenses. Retrato de John Edgar Hoover, de 28 de septiembre de 1961. Biblioteca del Congreso de Estados Unidos, Washington.

El primer director de la Agencia Central de Inteligencia fue el almirante Roscoe Henry Hillenkoetter. Durante su mandato, la CIA tuvo que afrontar la Guerra de Corea. Con todo, las principales acciones llevadas a cabo por la CIA en sus primeras décadas de existencia las realizó bajo el mandato de su primer director civil, Allen Welsh Dulles.

Como un claro reflejo de lo que era la Guerra Fría entre los dos grandes bloques opuestos, en la Alemania dividida se sucedían una serie de actividades clandestinas y de espionajes sin cesar entre las dos facciones. La CIA, apoyada por miembros del MI-6 británico, planeaba intervenir las líneas telefónicas del cuartel general del ejército soviético en el Berlín Oriental a través de un túnel construido con este fin. Esta acción secreta se denominó Operación Oro. La información suministrada a Allen Dulles por la Organización Gehlen le facilitó la ubicación del trazado telefónico soviético. Al mando de la operación se puso a William King Harvey, un ex funcionario del FBI que había pasado a las filas de la CIA. El túnel empezó a cavarse el 2 de septiembre de 1954 y estaba finalizado el 25 de febrero de 1955. Los cables fueron pinchados y se lograron grabar hasta un millón de conversaciones del ejército soviético en casi un año completo, el tiempo que estuvo operativo el túnel.

Sin embargo, el KGB tenía conocimiento de los preparativos de la Operación Oro desde su principio, puesto que tenía infiltrado un topo que pertenecía a las filas del MI-6 dentro de la organización del operativo: George Blake. Este agente entró en las filas de la inteligencia de la URSS, tras su paso por la Guerra de Corea, a principios de 1950. Fue enviado a dicho país asiático por el MI-6 para que estableciera una red de espionaje dentro del territorio dominado por las tropas comunistas norcoreanas. Los horrores de la guerra sufridos por el pueblo coreano y la destrucción del país llevada a cabo por los ejércitos occidentales inclinaron a Blake a abrazar las tesis comunistas; cuando fue capturado por las tropas norcoreanas empezó su colaboración con el KGB en el mismo campamento de prisioneros. Los informes dados por Blake a los servicios secretos soviéticos y germano-orientales sobre la Operación Oro, les permitieron a estos seleccionar los datos que le podían llegar a la CIA: desde comunicaciones sin ningún interés hasta otras de alto nivel en las que se transmitía información intoxicada. El 21 de abril de 1956 soldados soviéticos y de la Alemania Oriental irrumpieron en el túnel. El KGB planificó a la perfección el descubrimiento de la operación de la CIA y el MI-6 para utilizarlo con fines propagandísticos presentando, ante un gran despliegue de medios de información convocados en el mismo túnel, la acción llevada a cabo por los países occidentales como una vulneración de las normas del Derecho internacional y como un acto infame. Al fin, toda la información recabada por la CIA no pudo ser utilizada ni analizada completamente hasta el año 1958, cuando se comprobó que no cumplía las expectativas de un trabajo tan laborioso como el que se había hecho para conseguirla. Se puede decir, pues, que la Operación Oro fue un éxito para los soviéticos y el KGB.

## LA INVASIÓN DE BAHÍA DE COCHINOS

Otro de los mayores fracasos de la CIA fue el intento de invasión de la isla de Cuba. El 1 de enero de 1959 la revuelta encabezada por la guerrilla de Fidel Castro consiguió derrocar a Fulgencio Batista, presidente de la República de Cuba, tras diversos golpes de Estado. En primera instancia, el Gobierno de Estados Unidos y su agencia de inteligencia, la CIA, no vieron con malos ojos al nuevo gobierno cubano, debido al nivel de corrupción de Batista. Sin embargo, Fidel Castro ya en el poder comenzó a nacionalizar los recursos de la isla y a algunas empresas estadounidenses; asimismo, su declaración como régimen socialista tuvo como consecuencia que el Gobierno estadounidense se planteara acabar con el régimen castrista. Por ello la CIA organizó una operación clandestina denominada Operación 40 destinada a derrocar a jefes de Estado contrarios a la política internacional de Estados Unidos, como era el caso de Fidel Castro.

Allen W. Dulles fue el gran maestro de espías estadounidense, pero los éxitos que cosechó durante las operaciones encubiertas de la CIA bajo su mandato no frenaron su caída tras el desastre de la invasión de Cuba en bahía de Cochinos. John F. Kennedy condecora a Allen Dulles, 29 noviembre de 1961. JFK Library, Boston. Estados Unidos.

El 17 de abril de 1961, una brigada de exiliados cubanos, aproximadamente unos dos mil, entrenados y respaldados por la CIA, desembarcaron en una playa cubana cuyo nombre se hizo mundialmente famoso: bahía de Cochinos o playa Girón. El objetivo era establecer una cabeza de puente para penetrar en el interior de la isla y promover una sublevación de la población contra el régimen imperante. Pero, además de no conseguirse el pretendido levantamiento del pueblo cubano, falló la cobertura de la aviación estadounidense porque el propio presidente John Fitzgerald Kennedy denegó el apoyo aéreo a la operación secreta de la CIA. La invasión de bahía de Cochinos falló por la concurrencia de varios errores; el primero fue el optimismo exagerado por parte de los agentes estadounidenses a la hora de estimar el supuesto apoyo de los cubanos al movimiento contrarrevolucionario; en segundo lugar, falló la decisión de Kennedy al no permitir el apoyo aéreo estadounidense; y en tercer lugar, la falta de sorpresa en la operación, ya que los castristas conocían de antemano la preparación de la invasión. En los cuarteles de Guatemala donde la CIA había entrenado a los sublevados, había cuatro agentes soviéticos infiltrados que comunicaron con una semana de antelación el asalto a playa Girón al primer ministro soviético Nikita Kruschev, que informó de todo a Castro. El fracaso de la CIA en la invasión de bahía de Cochinos tuvo como consecuencia la dimisión de su director, Allen Welsh Dulles, en septiembre de 1961, cuando ya tenía 68 años.

## La otra cara de la moneda: el KGB

Como si de una torre gemela se tratara, al mismo tiempo que crecía el poder de la CIA, lo hacía el de un nuevo servicio de inteligencia en la Unión Soviética: el afamado KGB. Tras la muerte de Stalin el 5 de marzo de 1953 y el juicio y ejecución de Lavrenti Beria en junio del mismo año, los servicios secretos rusos sufrieron un cambio para adaptarse mejor a los nuevos retos que planteaba la Guerra Fría. El KGB, el Comité para la Seguridad del Estado, sustituyó al MGB o Ministerio para la Seguridad del Estado, a partir del 13 de marzo de 1954. Su primer director fue Ivan Alexandrovich Serov. La nueva agencia secreta soviética continuó con la infiltración de agentes en Estados Unidos y los demás países del orbe capitalista.

El fracaso de la invasión de Cuba orquestada por la CIA se produjo fundamentalmente por la falta del factor sorpresa en la operación, ya que las tropas castristas conocían de antemano los pormenores de la operación. En la foto, exiliados cubanos detenidos tras el desembarco en bahía de Cochinos, abril de 1961. Playa Girón, Cuba.

En esta guerra particular de espías de un bando contra el otro, los agentes caían al ser descubiertos o simplemente al ser denunciados por los traidores que tenía a su lado. El KGB perdió a uno de sus mejores hombres en Estados Unidos por la traición de otro de sus agentes colaboradores. Viliam Genrikhovich Fisher, más conocido como Rudolph Abel, servía como espía del KGB en Nueva York, ciudad a la que llegó en junio de 1950 desde Canadá. El espía soviético trabajaba en dicha ciudad estadounidense como fotógrafo en un estudio que tenía alquilado junto a su ayudante Reino Hayhanen. Desde allí enviaba todo el material microfilmado a Moscú a través de sus contactos en París disimulándolo en revistas de lujo e incluso en lapiceros o bolígrafos huecos. La red de Abel funcionaba perfectamente. Sin embargo, todo iba a venirse abajo en el año 1957. Durante unas vacaciones de Hayhanen, a finales de abril de dicho año, se presentó en la embajada de Estados Unidos en París y se entregó a la CIA. Los servicios secretos estadounidenses confirmaron la veracidad del testimonio aportado por Haynanen y lo trasladaron a Estados Unidos. Abel no tuvo tiempo de escapar; su laboratorio fotográfico fue registrado y se comprobó que era una tapadera para labores de espionaje a causa del material descubierto e incautado allí. El espía soviético lo tenía todo perdido. Tras el juicio, fue condenado el 15 de noviembre de 1957 a treinta años de prisión.

Por su edad, tenía 55 años al ser condenado, con toda seguridad terminaría sus días en la cárcel, pero un golpe de suerte cambió su destino. El 1 de mayo de 1960 los periódicos estadounidenses dieron la noticia de que el piloto de un avión de espionaje U-2 estadounidense, Francis Gary Powers, había sido derribado y capturado mientras realizaba una misión de reconocimiento en el espacio aéreo soviético. Powers fue condenado a diez años de prisión. No obstante, sólo cumplió veintiún meses de encarcelamiento porque el 10 de febrero de 1962 fue intercambiado, junto con su compatriota el estudiante Frederic Pryor, por el espía soviético Rudolph Abel, que pudo regresar así a la Unión Soviética, su país natal.

Este canje de espías fue aprovechado por el líder soviético Nikita Kruschev como un acto propagandístico al comparar el trato dado por los tribunales de justicia de la Unión Soviética al piloto del U-2 Francis Gary Powers con una sentencia justa, moderada y humana, frente a la que dieron los jueces estadounidenses al matrimonio Rosenberg, al condenarlos a la pena de muerte mediante la silla eléctrica en el penal de Sing Sing, como veremos posteriormente.

## El espionaje atómico

El caso Gehlen no fue ni el primero ni el único en el que los servicios secretos estadounidenses se vieron implicados en la captación de ciudadanos alemanes para sus propios intereses, a pesar de sus antiguas filiaciones nazis. En la carrera por el poder atómico, Estados Unidos no dudó en reclutar para sus filas a los científicos germanos que colaboraron en la creación de las llamadas *Wunderwaffen* o 'armas maravillosas' de los nazis. Washington sabía que los soviéticos andaban también a la caza de los científicos alemanes y que si se apoderaban de este caudal humano podrían ponerse a la cabeza del dominio de las armas atómicas. La suerte sonrió a los estadounidenses, ya que el eminente físico alemán Werhner von Braun, su hermano Magnus y otros de sus colaboradores huyeron de la base alemana de Peenemünde, donde habían creado el misil V2, y se entregaron al ejército estadounidense el 2 de mayo de 1945. A partir de ese momento se empezó a fraguar la Operación Overcast, que vio la luz en julio de 1945, con el mencionado fin de captar a científicos alemanes. En marzo de 1946 esta operación fue sustituida por la Operación Paperclip, mediante la cual los sabios alemanes captados por los estadounidenses adquirieron la condición de emigrantes para que pudieran llevar a sus familias a Estados Unidos.

A pesar de todo el esfuerzo realizado por los servicios estadounidenses para evitar que la Unión Soviética se hiciera con el secreto de la bomba atómica, Moscú no cejó en ese empeño. Para ello extendió sus redes de espionaje entre los científicos que trabajaban en los proyectos aliados sobre la fisión nuclear.

Tras la defección el 5 de septiembre de 1945 de Igor Guzenko, un espía soviético destinado en la ciudad canadiense de Ottawa, se descubrió una amplia red de espías que trabajaba para los soviéticos en Canadá, Estados Unidos y Gran Bretaña. El desertor soviético desveló las operaciones llevadas a cabo por David Whittaker Chambers, que en agosto de 1945 había denunciado a su vez los actos clandestinos de espionaje llevados a cabo por Alger Hiss. Este proceso causó un fuerte impacto público por las consecuencias mediáticas que tuvo dicho caso, ya que Hiss era un alto funcionario del Departamento de Estado que incluso había llegado a ser asesor del presidente estadounidense Franklin Delano Roosevelt en la Conferencia de Yalta de 1945; con todo, sólo fue acusado de perjurio al declarar en el juicio que no conocía a Whittaker y después desdecirse.

También la detención del físico Klaus Fuchs, director del Departamento de Física Teórica del Centro de Investigaciones Nucleares de Harwell, en Gran Bretaña, en enero de 1950, sacudió los cimientos de la red de espionaje atómico soviético. Durante su estancia previa en Estados Unidos, mientras trabajó en el Proyecto Manhattan, destinado a los estudios sobre la fabricación de la bomba atómica, Fuchs envió puntualmente, hasta el mes de junio de 1946, gran cantidad de información acerca de sus propias investigaciones y de las de sus compañeros en el seno de dicho proyecto a su enlace en el país, un individuo cuyo nombre en clave

David Whittaker Chambers guardó los cinco rollos de documentos microfilmados que incriminaban a Alger Hiss ocultos en una calabaza que tenía escondida en su jardín; por ello, los medios de comunicación los llamaron *Pumpkin Papers,* o 'Papeles de la Calabaza'. Fotografía de Fred Palumbo, David Whittaker Chambers, 1948. Biblioteca del Congreso, Washington.

era *Raymond*, quien resultó ser el químico Harry Gold. El arresto de Fuchs y su declaración condujeron al FBI a la detención de su enlace el 23 de mayo de 1950. Esto hizo caer todas las piezas del círculo de espías de la bomba atómica, ya que Gold también era el enlace de un grupo de espías estadounidenses que operaban para los soviéticos. El punto de unión era David Greenglass, un sargento del ejército estadounidense que trabajaba en el Laboratorio Nacional de Los Álamos en Nuevo México. Greenglass, de convicciones comunistas, al igual que su hermana Ethel y su cuñado Julius Rosenberg, empezó a espiar para los soviéticos desde noviembre de 1944 hasta que dejó el ejército en 1946, porque el matrimonio Rosenberg, a través de su cuñada Ruth Greenglass, la esposa de David, lo convencieron para que les pasara la información que pudiera recabar acerca de la bomba atómica. Cuando Gold fue arrestado, Julius Rosenberg, sabedor de las implicaciones que tenía dicho arresto, intentó convencer a sus cuñados para que abandonaran Estados Unidos, puesto que la seguridad de los dos matrimonios estaba en peligro, pero todos sus esfuerzos fueron vanos; los Greenglass se negaron a abandonar su país.

Los miembros del FBI detuvieron a David Greenglass el 15 de junio de 1950. Éste, acorralado por los agentes federales, declaró que su cuñado Julius Rosenberg era quien le había pedido las informaciones confidenciales sobre la bomba atómica para comunicarlas a los soviéticos. Rosenberg es detenido un mes después, el 17 de julio. A principios de agosto es encarcelada su mujer, Ethel. El 6 de marzo de 1951 se inició el proceso judicial contra cuatro inculpados: además del matrimonio Rosenberg y David Greenglass, hubo un cuarto acusado, Morton Sobell, un ingeniero electrónico amigo de los Rosenberg que se pensaba que formaba parte de la misma red de espías. Durante el

El ajusticiamiento de Julius y Ethel Rosenberg levantó grandes manifestaciones contrarias en diversas partes del mundo. En Nueva York, miles de ciudadanos se manifestaron reclamando el indulto para los primeros reos condenados a muerte en tiempo de paz. Retratos de Julius y Ethel Rosenberg, 1953. *United Press Photograph; New York World-Telegram* and *The Sun Newspaper Photograph Collection.* Biblioteca del Congreso, Washington.

juicio, David Greenglass se declaró culpable y optó por una actitud cooperadora con el tribunal. No dudó en acusar de espionaje a su cuñado y a su propia hermana, a la que inculpó de dedicarse a pasar a máquina los informes escritos a mano y esquematizados que su propio hermano le pasaba para ser enviados a los servicios secretos rusos. El veredicto del jurado, compuesto por once hombres y una mujer, fue de quince años de prisión al considerarse culpable; por el contrario, Sobell y el matrimonio Rosenberg se declararon inocentes y sus penas fueron más duras. El primero fue condenado a treinta años de cárcel, mientras que Julius y Ethel Rosenberg fueron condenados a la pena capital. A pesar de las continuas apelaciones de su abogado Emanuel Hirsch Bloch, Julius y Ethel Rosenberg fueron electrocutados en la silla eléctrica del penal de Sing Sing, en Nueva York, la madrugada del 20 de julio de 1953. Cuarenta y tres años después, David Greenglass reconoció que la acusación vertida contra su hermana, según la cual Ethel Rosenberg escribía a máquina todas las notas que él recogía en su trabajo de Los Álamos, era falsa, ya que fue su mujer, Ruth Greenglass, la que se encargaba de realizar esa tarea.

## La huida del Círculo de Cambridge

El espionaje soviético no se redujo simplemente a la captación de los científicos de ideología comunista para conseguir acceder a los planes atómicos estadounidenses. También consiguió reclutar desde antes de la Segunda Guerra Mundial, como ya vimos, a jóvenes embebidos de la filosofía marxista y afines al comunismo entre las más altas esferas de la sociedad y los centros educativos más elitistas británicos. La actividad del Círculo de Cambridge, o Quinteto de Cambridge como también era conocido y de quienes ya hablamos en el capítulo anterior, fue más productiva para Moscú en la Guerra Fría que durante la Segunda Guerra Mundial, en la que su miembro más importante, Kim Philby, sirvió para su país con gran eficiencia y valentía. Una vez terminado el conflicto mundial, tres de los antiguos miembros del King College, Guy Burgess, Donald MacLean y el mismo Kim Philby, estaban situados en altos cargos de la diplomacia y el espionaje británicos.

Sin embargo, los problemas para ellos empezaron en esa misma época, ya que hacia agosto de 1945 un desertor soviético, el vicecónsul de la Unión Soviética en Estambul, Konstantin Volkov, se ofreció al MI6 para desvelar el nombre de una serie de agentes soviéticos que operaban en Turquía y en Gran Bretaña, entre los que destacaban dos diplomáticos británicos y un alto cargo en la contrainteligencia británica. Este último individuo era Philby. El doble agente británico tuvo que actuar con mucha rapidez; como jefe de la Sección Rusa del *Secret Intelligence Service* o SIS, se le asignó la misión de conseguir la información aportada por Volkov; sin embargo, alertó a Moscú de la deserción del diplomático soviético, lo que supuso el arresto de este último y su ejecución sumaria. Los agentes encubiertos de la Unión Soviética estaban a salvo y su principal espía, Philby, también.

Pero la suerte del Círculo de Cambridge cambió a partir de 1949. Los agentes del proyecto VENONA descubrieron una serie de comunicaciones telegráficas desde la embajada británica en Washington a Moscú. La misión del proyecto VENONA, creado en colaboración entre Estados Unidos y Gran Bretaña en febrero de 1943, era interceptar y descodificar los mensajes encriptados enviados por las agencias secretas soviéticas. El emisor del telegrama enviado a Moscú, que llevaba el nombre en clave de *Homer,* fue identificado como Donald MacLean. Los servicios secretos del FBI sabían que se había enviado información a Moscú acerca del arsenal atómico estadounidense y sobre la OTAN, que había sido creada como sabemos el 4 de abril de 1949 tras la firma del Tratado de Washington. El cerco se fue cerrando alrededor de los espías británicos. Philby, que también trabajaba en la embajada de la capital estadounidense junto a Guy Burgess, otro miembro del Círculo de Cambridge, supo que el FBI estaba investigando a MacLean. Además, la vida disoluta de Burgess en Washington, así como su pertinaz alcoholismo, lo convertían en una presa fácil para el FBI por sus posibles indiscreciones. Philby, como líder del grupo, tomó la determinación de que sus compañeros abandonaran Estados Unidos antes de que pudieran ser acusados de espionaje. La única línea de escape que tenían era huir a Moscú. Así lo hicieron Donald MacLean y Guy Burgess el 25 de mayo de 1951, abandonaron toda su vida anterior y se fugaron a la Unión Soviética.

El Círculo de Cambridge se había roto. El FBI centró sus sospechas en Kim Philby que, a la sazón, era el intermediario entre el *Secret Intelligence Service* y la CIA, y además tenía una innegable relación íntima con los dos espías fugados. El SIS defendió al principio a su mejor agente basándose en la obsesión por encontrar espías comunistas que el senador Joseph MacCarthy había conseguido extender por todas las capas de la sociedad estadounidense. En efecto, MacCarthy había acusado públicamente en febrero del año 1950 a 205 supuestos comunistas infiltrados en el Departamento de Estado, entre los que destacaba el caso de Alger Hiss, como hemos visto anteriormente. Philby fue separado de su cargo y se dedicó de nuevo al periodismo, al igual que había hecho durante la Guerra Civil española. Sin embargo, las sospechas contra él, que apuntaban a que era el Tercer Hombre junto a sus compañeros huidos, y que, en realidad, era un topo del espionaje soviético, hicieron que tuviera que someterse en el verano de 1955 a un interrogatorio en Londres por parte del MI-5 británico del que salió airoso. En octubre de ese mismo año fue totalmente exonerado de todos las sospechas en el Parlamento británico por parte del secretario de Estado para Asuntos Exteriores y posterior primer ministro, Maurice Harold Macmillan.

La defección de Donald MacLean y Guy Burgess supuso un durísimo golpe para el MI-6, ya que la traición había llegado desde dentro. Aquellos en los que confiaban podían ser espías, por lo que el Servicio de Inteligencia Británico empezó la búsqueda del Tercer Hombre, el que había ayudado a los dos agentes huidos. Fotomontaje de las fotografías de los espías del Círculo de Cambridge: Anthony Blunt (arriba a la izquierda), Donald MacLean (arriba a la derecha), Guy Burgess (abajo a la izquierda) y Kim Philby (abajo a la derecha).

229

En noviembre, Kim Philby da una rueda de prensa en la que niega toda su implicación con el espionaje soviético y su propia filiación comunista. Al año siguiente es readmitido en el MI-6 y con la cobertura de periodista del diario *The Observer* es destinado a la capital libanesa, Beirut, donde seguirá haciendo su doble juego para el SIS y para los servicios soviéticos. Un nuevo revés, la deserción del espía soviético del KGB, Anatoli Dolnytsin, volvía a poner en peligro la identidad del topo británico; a esto hay que sumarle la detención de otro británico que trabajaba para el KGB, George Blake. Kim Philby, consciente de que él sería el siguiente en caer, huyó a la Unión Soviética el 23 de enero de 1963. El Tercer Hombre había sido descubierto.

La Tríada maldita, como se llegó a conocer a los tres espías británicos, pasó el resto de sus vidas en la URSS, pero sólo el genial espía Philby tuvo el reconocimiento de sus jefes soviéticos por su labor en pro de los intereses comunistas. Sin embargo, el Círculo de Cambridge estaba compuesto por dos espías más. Un año después de la deserción de Philby, fue denunciado el cuarto espía del Círculo de Cambridge, Anthony Blunt. Michael Straight, un espía británico que trabajó para el KGB, lo acusó de haberlo reclutado como agente de la Unión Soviética cuando era estudiante en Cambridge. A cambio de la información aportada por Blunt tras su desenmascaramiento, no fue juzgado; sin embargo, a mediados del mes de noviembre de 1979, el pasado como espía de Anthony Blunt fue aireado y este fue suspendido de sus honores académicos y de su título como caballero comandante de la Orden Victoriana. El último miembro del Círculo o Quinteto de Cambridge en ser descubierto fue John Cairncross, cuya actividad secreta al servicio de la URSS fue públicamente revelada en noviembre de 1990 por el espía soviético y agente doble Oleg Gordiesvsky, que trabajaba tanto para el KGB como para el MI-6 británico.

## PENKOVSKY Y LA CRISIS DE LOS MISILES CUBANOS

El inicio de la «coexistencia pacífica» entre Estados Unidos y la Unión Soviética se dio a partir de 1963, un año después de la llamada *Crisis de los misiles cubanos,* que a punto estuvo de llevar al mundo hacia un Apocalipsis nuclear. El 15 de octubre del año 1962, la CIA entregaba un informe con los datos obtenidos en la vecina isla de Cuba por unos aviones espías Lockheed U-2. Desde 1957, año en el que empezaron a estar operativos, estos aviones de reconocimiento supusieron un paso gigantesco en la obtención de imágenes de alta resolución desde el aire para el ejército de los Estados Unidos y la CIA. Las fotografías obtenidas demostraban que el gobierno comunista de Fidel Castro había instalado una serie de bases para el lanzamiento de cohetes que apuntaban directamente al territorio estadounidense. La propuesta partió del líder soviético Nikita Kruschev, como medio eminentemente defensivo ante la posible repetición de una nueva invasión estadounidense de Cuba, como ya había ocurrido en el intento de bahía de Cochinos que vimos páginas atrás. La operación tenía el nombre en clave de *Anádyr* y fue contestada por Estados Unidos con el bloqueo total de la isla mediante el despliegue de barcos y aviones de guerra por el Caribe.

El presidente estadounidense John Fitzgerald Kennedy tomó una determinación tan arriesgada porque conocía de antemano el potencial nuclear y balístico de la URSS. Su fuente de información era Oleg Penkovsky, un coronel del GRU o Directorio General de Inteligencia soviético que había contactado con los servicios secretos del MI-6 y de la CIA. También suministró información acerca del arsenal de misiles de medio alcance R-12 *Dvina* y R-14 *Usovaya,* de los planos y de los lugares de lanzamiento donde habían sido desplegados por el ejército soviético en Cuba. Los servicios secretos del KGB soviético supieron de la traición de Penkovsky por un doble agente británico, George Blake, que les reveló su identidad como espía al servicio de la CIA. Penkovsky, a causa de esta delación, fue juzgado y condenado a muerte el día 10 de dicho mes. Su decepción, aparte de las consecuencias que tuvo para la inteligencia soviética, acarreó también la caída del primer director del KGB, Iván Alexandrovich Serov.

## Mossad: los ojos de Yavé

El 29 de noviembre de 1947, la Asamblea General de la Organización de las Naciones Unidas (ONU) aplicó un plan para la partición del territorio de Palestina en dos Estados, uno judío y otro árabe. Así se pretendía poner fin a los problemas existentes en una de las zonas más convulsas al final de la Segunda Guerra Mundial. Antes incluso de haber estallado dicho conflicto mundial tuvo lugar un éxodo masivo de judíos desde la Europa ocupada por los nazis. Los británicos gobernaban sobre los actuales territorios de Israel, la Franja de Gaza, parte de los Altos del Golán, Cisjordania y el Reino de Jordania, bajo el Mandato Británico de Palestina, al habérsele encomendado la administración de dichos territorios por parte de las Sociedad de Naciones, organismo internacional creado por el Tratado de Versalles el 28 de junio de 1919, y germen de la Organización de las Naciones Unidas, que fue fundada el 24 de octubre de 1945.

La ONU decidió aquel 29 de noviembre de 1947 la repartición del territorio de Palestina entre árabes y judíos, formando dos Estados diferentes con dos zonas de control internacional, que incluían Jerusalén y Belén. La consecuencia de este plan y de la situación en la que se quedaba Palestina fue la Primera Guerra árabe-israelí, que se inició en la noche en que los británicos abandonaron el país, el 15 de mayo de 1948, y un día después de que David Ben Gurión, el primer jefe del ejecutivo israelí, proclamara la independencia del Estado de Israel.

La situación belicosa en la que se encontraba el joven Estado, rodeado de países árabes enemigos, hacía imprescindible la utilización de los servicios de inteligencia. Por ello, Reuven Shiloah, un colaborador cercano de Ben Gurión que se había dedicado a labores de inteligencia durante el conflicto árabe-israelí de 1948, instó en abril de 1949 al primer ministro israelí a que estableciera una institución que organizara y coordinara la inteligencia y los servicios de seguridad del país recién creado para que hubiera una mayor cooperación entre ellos. El 13 de diciembre de 1949 Ben Gurión autorizó la creación del servicio secreto de Israel o Mossad, acrónimo en hebreo del Instituto de Inteligencia y Operaciones Especiales de Israel, que comenzó su andadura bajo los auspicios del ministro de Asuntos Exteriores. Sin embargo, el 1 de abril de 1951, el primer ministro reorganizó el servicio secreto israelí para ampliar sus capacidades operativas y recabar inteligencia en el extranjero, desligándole del Ministerio de Asuntos Exteriores y haciéndole depender directamente del jefe del Ejecutivo israelí. Así el antiguo Mossad se convirtió en el modelo del actual servicio de inteligencia del Estado de Israel.

Este moderno Mossad se configuró según el modelo de la CIA, pero sus éxitos operacionales desde el comienzo de su andadura sorprendieron y superaron a los de la agencia de inteligencia estadounidense. Su primer gran logro fue conseguir una copia del llamado *Discurso Secreto* leído por el líder soviético Nikita Kruschev en el XX Congreso del Partido Comunista de la Unión Soviética y en el que se plantaba por primera vez una línea política no continuista que rompía con el estalinismo. La copia fue obtenida en la embajada de Israel en Varsovia mediante el agente Yaakov Barmor, y fue enviada a Israel, adonde llegó el 3 de abril de 1956. Desde allí fue remitida al director de la CIA, Allen W. Dulles, que a su se vez la presentó al presidente estadounidense Dwight David Eisenhower. Tras ser informado el presidente de Estados Unidos del contenido del discurso de Kruschev, fue publicado en el periódico *New York Times* el 5 de junio de 1951.

El Mossad logró también un sorprendente éxito en la captura del nazi Adolf Eichmann. Cuando se dio a conocer al mundo el horror de los campos de concentración y del holocausto judío y se supo que algunos de los responsables de esos crímenes contra la humanidad y de ese genocidio habían conseguido escapar, los servicios secretos israelíes se dedicaron a la búsqueda de los jerarcas nazis huidos. El Mossad tuvo conocimiento de que el mencionado Adolf Eichmann, uno de los ejecutores de la «solución final» para acabar con los judíos, se encontraba refugiado en Buenos Aires, la capital de Argentina, bajo la identidad falsa de un hombre de negocios de nombre Richard Klement. El 11 de mayo de 1960 se llevó a cabo una operación encubierta ordenada por David Ben Gurión y dirigida por el propio director del Mossad, Isser Harel. Este encargó a uno de sus principales agentes, Peter Malkin, llevar a cabo dicha operación, que tenía el nombre en clave de *Garibaldi*. Malkin y otros cuatro agentes secuestraron a Richard Klement y comprobaron que en realidad era Eichmann. Le condujeron a un piso franco y le dieron la alternativa entre una muerte inmediata o ser trasladado a Tel Aviv para ser juzgado. El antiguo nazi eligió el juicio en Israel. El comando y su detenido tomaron un vuelo de las aerolíneas israelíes El-Al hasta Tel Aviv. En esta ciudad Adolf Eichmann fue juzgado el 11 de abril de 1961 y finalmente condenado a la horca, sentencia que se cumplió el 31 de mayo de 1962. La eficacia del Mossad al capturar a un criminal de guerra como Eichmann extendió su fama por todo el mundo.

El Mossad no iba a perdonar a los nazis autores de crímenes de guerra que se habían salvado de los juicios de Núremberg a través de alguna de las redes de colaboración secretas establecidas para escapar de Alemania. Por el contrario, se dedicó a buscar a antiguos nazis, como Adolf Eichmann, secuestrado en 1960 en Buenos Aires por el agente Peter Malkin. Fotografía de la sala del juicio de Adolf Eichmann, diciembre de 1961, Jerusalén.

Uno de los problemas más grandes que se le planteaban al gobierno israelí en la década de los sesenta del siglo pasado era la proliferación de armamento balístico en los territorios árabes limítrofes, fundamentalmente en Egipto. Para recabar información sobre este arsenal, el Mossad encomendó la misión a uno de sus maestros de espías: Wolfgang Lotz. Este agente de origen alemán era el más adecuado para tal cometido, porque el presidente de Egipto, Gamal Abdel Nasser, había contratado a consejeros alemanes, muchos de ellos antiguos nazis, científicos, expertos en policía y antiguos militares germanos. Tras un duro entrenamiento en labores de espionaje, Lotz fue enviado a Alemania en noviembre del año 1959 para que fuera más difícil seguir su rastro por los servicios secretos egipcios y, asimismo, para que le fuera más fácil entrar en Egipto, país al que llegó en diciembre de 1960. Pronto empezó a establecer contactos entre la alta sociedad egipcia ya que trabajó en clubes de hípica donde se relacionó con los personajes más influyentes. De ellos recababa toda la información que llevaba a sus enlaces israelíes. Para facilitar esta comunicación con los servicios secretos de Israel, regresó a Egipto a mediados de 1960 con un transmisor de radio oculto en una báscula de baño y una gran suma de dinero para sufragar sus gastos y su cobertura como director de las escuelas de hípica.

En junio de 1961 se casó con Waltraud Martha Neuman, con la que se fue a vivir a El Cairo. El espía israelí consiguió hacerse íntimo amigo de algunos de los alemanes que trabajaban en los proyectos secretos de Nasser, de los que dio cumplida información a los servicios de Israel. Asimismo, consiguió entregarles una lista de los científicos alemanes que colaboraban en dichos proyectos. El Mossad, una vez recibida esta información, empezó a amenazar y a extorsionar a los científicos germanos.

Wolfgang Lotz logró engañar a todos los militares, altos cargos del Gobierno egipcio e incluso a los alemanes que trabajaban para el presidente de Egipto, Gamal Abdel Nasser, debido a que ocultó su nacionalidad israelí, a que su fisonomía era la de un alemán y a que no fue circuncidado de pequeño. Fotografía de Wolfgang Lotz (tercero de la izquierda) y de su mujer, Waltraud Martha Neuman, durante su juicio; agosto de 1965, El Cairo.

A Wolfgang Lotz y a su mujer les iban bien las cosas, pero todo se torció con un cambio en la política del Gobierno egipcio, cuando invitó, por presiones de la Unión Soviética, al presidente de la República Democrática Alemana, Walter Ulbricht. Esta visita conllevó el arresto de treinta ciudadanos de la Alemania Federal; la razón de esta acción habría que buscarla en las sospechas de que algún alemán occidental estuviera espiando para Reinhard Gehlen, el jefe de los servicios secretos de la República Federal Alemana o BND *(Bundesnachrichtendienst)* y antiguo director de la Organización Gehlen, germen de dichos servicios secretos germanos, como hemos visto anteriormente. Según el propio Lotz, la policía egipcia le llevó a juicio porque tenía fundadas sospechas de su actividad como espía cuando en un registro rutinario de su casa encontraron la báscula de baño que ocultaba el radiotransmisor. Lotz y su mujer fueron juzgados. El Mossad encargó su defensa a un abogado alemán y la propia embajada envió a un observador para que supervisara la legalidad del juicio. En todo momento se mantuvo la cobertura de Lotz como ciudadano alemán y no como israelí. A pesar de todo, él fue condenado el 21 de agosto de 1965 a cadena perpetua y su mujer, a tres años de cárcel. No obstante, en enero de 1968, meses después del final de la Guerra de los Seis Días, ambos fueron liberados tras el intercambio de prisioneros que se produjo entre Egipto e Israel: Tel Aviv liberaría a cinco mil prisioneros egipcios y el Gobierno egipcio a diez judíos encarcelados.

No todos los agentes del Mossad tuvieron la misma suerte que Wolfgang Lotz. Uno de los más grandes espías de la historia de los servicios secretos israelíes, el egipcio Eli Cohen, acabó a los cuarenta años ahorcado públicamente en la plaza de la ciudad siria de Damasco el 19 de mayo de 1965. Cohen se hizo pasar por un sirio de nombre Kamel Amin Tsa'abet, y se trasladó desde Argentina a la capital siria, Damasco, donde se ganó la confianza de altos cargos políticos y militares, de los que sacaba gran cantidad de información. La consideración que se tenía a Eli Cohen en Siria era tal que fue propuesto para formar parte, como viceministro, del Ministerio de Defensa sirio. Entre sus grandes logros destaca que consiguiera transmitir a Israel la posición de las fuerzas antiaéreas sirias en los Altos del Golán, con lo que el ejército israelí tuvo información privilegiada para destruirlos en la Guerra de los Seis Días, del 5 al 10 de junio de 1967. Finalmente, Cohen fue descubierto retransmitiendo información a los servicios secretos israelíes; se le condenó a morir en la horca, como ya quedó dicho. Incluso Siria se negó a realizar un canje de espías con Israel y a devolver los restos mortales del espía a sus familiares.

Muchos de los logros de Eli Cohen han demostrado la capacidad de improvisación y su genialidad para el arte del engaño. Así, convenció a las autoridades militares de que plantaran árboles de eucalipto en los Altos del Golán para poder ocultar las baterías antiaéreas allí establecidas. Los árboles fueron la referencia que les dio a los cazas israelíes para atacar las baterías sirias. Fotografía de la ejecución en la horca de Eli Cohen. Damasco, 19 de mayo de 1965.

## Los servicios secretos de las dos Alemanias

Un año después de la declaración de la soberanía y la independencia totales de la República Federal de Alemania, el 5 de mayo de 1955, la Organización Gehlen, que había centralizado el servicio secreto de la Alemania Occidental ocupada, recibió del canciller alemán Konrad Adenauer la aprobación para la formación del BND *(Bundesnachrichtendiest)* o Servicio Federal de Inteligencia. La dirección de esta agencia de inteligencia alemana fue encomendada, como no podía ser de otra manera, al fundador de los servicios secretos de la Alemania Occidental, Reinhard Gehlen.

Por otra parte, en el otro lado de Alemania, la zona ocupada por la URSS se había conformado como la República Democrática Alemana (RDA), una república socialista o democracia popular al estilo de la soviética. De la misma manera que ocurriría en la Alemania Federal, en la zona comunista se creó una agencia de inteligencia propia, el Ministerio para la Seguridad del Estado *(Ministerium für Staatssicherheit),* mundialmente conocido por su acrónimo *Stasi.* El primer director de la agencia de inteligencia de la Alemania del Este fue Wilhem Zeisser; pero quien, en los comienzos, se convertiría realmente en el antagonista del cerebral Gehlen fue Ernst Wollweber. Con él se reorganizó la central de inteligencia en cinco departamentos principales, o *Hauptabteilungen,* que controlaban todas las actividades dentro de la RDA; con ellos el espionaje se infiltraba en la política, la cultura e incluso en la vida de la gente corriente. Efectivamente, a imitación del sistema del espionaje de la policía de la Alemania nazi, nada ni nadie se escapaba al control de la *Stasi.* Estableció de nuevo un Estado policial en el que todos espiaban a todos.

Markus Wolf encarnó el modelo de espía de la República
Democrática Alemana. Formado intelectualmente en la
Unión Soviética, fue siempre fiel al KGB hasta la disolución
de la URSS. Sus logros en el mundo del espionaje servían
tanto para su país como para los intereses de los soviéticos.
Fotografía de Elke Schöps, retrato de Markus Wolf, 1989.
Bundesarchiv, Berlín.

Dentro de esta obsesión por el espionaje, como elementos fundamentales en la Alemania del Este operaban los *Inoffizieller Mitarbeiter*, o colaboradores extraoficiales, que conformaban una red inmensa de informadores para la Stasi. En 1953 Markus Wolf, alias *Misha*, se hizo cargo del *Hauptverwaltung Aufklärung* (HVA), o Alta Administración de la Información, que era, en realidad, el servicio de inteligencia en el extranjero de la República Democrática Alemana, dependiente de la Stasi y supeditado al KGB. A lo largo de su trayectoria como director de los servicios secretos, Wolf consiguió infiltrar a sus agentes incluso en las más altas esferas del Gobierno de la República Federal de Alemania. El mayor éxito del director del HVA fue la infiltración de Günter Guillaume, el más eficaz de sus agentes, como secretario personal del canciller de la República Federal Alemana, Willy Brandt, en 1972. El 24 de abril de 1974 Guillaume fue arrestado, y el escándalo fue tal que tuvo como consecuencia la dimisión de Brandt.

Los servicios secretos de la Alemania del Este, la otra forma de denominar a la extinta RDA, utilizaron una táctica de espionaje un tanto peculiar a la que se le ha dado el nombre de *sistema Romeo*, llevado a cabo por los llamados *Agentes Romeo*. Consistía en el intento de conquistar a las secretarias de los funcionarios del Gobierno de Alemania Federal en Bonn, su capital, donde se encontraban los distintos ministerios. El sistema Romeo sólo podía darse entre países con las características de las dos Alemanias de la Guerra Fría, con un mismo idioma, una misma cultura y una misma historia. Esta técnica, tan antigua como el propio espionaje, tuvo grandes éxitos para el espionaje de la República Democrática Alemana. Por este método se consiguió información muy valiosa a través de Margret Höke, la secretaria del canciller de la Alemania Federal.

El caso Walter Guillaume fue uno de los mayores logros de la historia del espionaje alemán. La información a la que tuvo acceso y la influencia que tenía Guillaume por su cargo junto al canciller Willy Brandt, al que espiaba y a la vez asesoraba como hombre de confianza, convirtieron su caso en una fuente inagotable para el servicio secreto de la Alemania Oriental. Fotografía de Ludwig Wegmann, el canciller Willy Brandt y Günter Guillaume, 8 de abril de 1974. Bundesarchiv, Berlín.

Desde su puesto de trabajo tenía acceso a gran cantidad de información reservada; todos los papeles que le llegaban al canciller pasaban por sus manos. Höke fue conquistada por un agente comunista que se hacía llamar «Franz Becker» en el verano de 1968. La secretaria de Gustav Heinemann, el canciller alemán, llegó a utilizar una barra de labios que contenía una cámara fotográfica en miniatura con la que fotografiaba todo el material importante al que podía acceder. Esta información les sirvió durante la década de los setenta a los servicios secretos comunistas de la Alemania del Este para estar perfectamente informados incluso de los secretos de Estado que llegaban al despacho del presidente alemán. Franz Becker fue descubierto en 1985 y se le relacionó con la secretaria Margret Höke, que fue juzgada en Düsseldorf y condenada en 1987 a ocho años por traición. El espía Romeo Franz Becker, cuyo nombre real era Hans-Jürgen Henze, alertado por su desenmascaramiento, huyó a Alemania del Este en 1985.

## La ley del Talión: la Operación Cólera de Dios

El 5 de septiembre de 1972, durante los Juegos Olímpicos, un grupo de ocho terroristas secuestró a once miembros del equipo olímpico israelí en el complejo deportivo de la ciudad de Múnich en el que estaban alojados los deportistas de los distintos países del mundo. Los terroristas pertenecían a la organización palestina Septiembre Negro, fundada en 1970. Durante el asalto murió un terrorista y dos atletas israelíes. Los asaltantes exigían la liberación de 234 presos palestinos que estaban encarcelados en prisiones israelíes y dos más en Alemania. El canciller Willy Brandt y su ministro del Interior, Hans-Dietrich Genscher, rechazaron que un grupo de asalto del Mossad israelí se hiciera cargo de poner fin al secuestro. La policía alemana se encargó del rescate de los secuestrados. Transportó a los secuestradores y a los atletas a un aeródromo, donde se ejecutaría el asalto contra los palestinos. Este no tuvo el éxito esperado, porque causó la muerte de los secuestrados, así como de cinco terroristas. Los tres terroristas supervivientes fueron encarcelados por las autoridades alemanas.

El secuestro de los once atletas israelíes en la Olimpiada de Múnich de 1972, y el cruel desenlace con sus muertes, desató una ola de repulsa por todo el mundo. En Israel generó un vivo deseo de venganza, que condujo a una serie de muertes selectivas realizadas por el Mossad que asombraron al mundo por su precisa ejecución. Fotomontaje sobre la matanza de Múnich de 1972, portada de la revista *Time* de 18 de septiembre de 1972.

Pocos días después, el 29 de octubre de 1972, un avión de la compañía germana Lufthansa fue secuestrado por terroristas palestinos que exigieron la liberación de los presos de Septiembre Negro. Al ser atendidas sus exigencias, el Gobierno israelí de la primera ministra Golda Meir dio la orden al Mossad de matar a los miembros de Septiembre Negro y del Frente Popular para la Liberación de Palestina que planificaron y ejecutaron la matanza de los atletas en Múnich. Esta misión secreta se llamó Operación Cólera de Dios y tuvo como consecuencia el asesinato selectivo de nueve miembros relacionados con el terrorismo palestino. Sin embargo, el Mossad erró en uno de sus objetivos al confundir al líder del grupo terrorista Al Fatah Ali Hasan Salameh, el *Príncipe Rojo,* con un camarero marroquí llamado Ahmed Bouchiki. Este error condujo a la suspensión de la Operación por parte de Golda Meir.

De una manera magistral, el director de cine estadounidense Steven Spielberg describió los hechos aquí mencionados en su película *Munich,* estrenada el 23 de diciembre de 2005.

## El espionaje político: el escándalo Watergate

Los mismos métodos y técnicas utilizados por los servicios secretos en el ámbito militar y en el político entre países enemigos, tales como la vigilancia exhaustiva, las escuchas ilegales mediante micrófonos ocultos, pinchar los teléfonos... han sido usados para el espionaje político dentro de un mismo país. Así ocurrió en el caso más famoso a nivel mundial de toda la historia: el Watergate.

El mismo año del secuestro de los atletas israelíes en Múnich por los miembros de Septiembre Negro, en Estados Unidos, concretamente el 17 de junio, la

Oficina del comité Nacional del Partido Demócrata estadounidense, en el complejo de oficinas Watergate en Washington D. C., fue asaltada por un grupo de cinco personas que resultaron ser miembros de la CIA. Los agentes eran Virgilio González, Bernard Baker, Eugenio Rolando, Frank Sturgis y el líder del grupo, James Walter McCord Jr., que era el director de Seguridad del comité para la reelección del presidente estadounidense Richard Nixon. El equipo del presidente, en una maniobra desesperada, intentó ocultar el allanamiento seis días después de los hechos. Sin embargo, la investigación llegó hasta Nixon, ya que las pruebas demostraron que el presidente había grabado ilegalmente gran cantidad de conversaciones que habían tenido lugar en los despachos de la Casa Blanca. Dichas cintas, conocidas por la prensa estadounidense como *The Smoking Gun,* 'La Pistola Humeante', tuvieron que ser devueltas por el presidente ante una resolución del Tribunal Supremo de Estados Unidos en noviembre de 1973. El proceso iba cercando al presidente, ya que se demostró que había mentido para ocultar su evidente participación en el escándalo. Siete colaboradores suyos fueron acusados de espionaje telefónico el 1 de marzo de 1974.

Las investigaciones del FBI, las del Comité del Watergate en el Senado y las de la propia prensa, sobre todo de Bob Woodward y Carl Bernstein para el *The Washington Post,* revelaron que el robo cometido en el Watergate era sólo la punta de un iceberg que incluía fraudes en la campaña electoral de Nixon, escuchas ilegales a gran escala, auditorías de impuestos falsas y un fondo de capital secreto para pagar a todos los implicados en estos asuntos ilegales, así como el silencio de los cinco hombres acusados por el robo el 17 de junio de 1972. Como consecuencia de este escándalo, el Senado de Estados Unidos inició, el 27 de julio de 1974, por segunda vez en la historia estadounidense un *impeachment*, o proceso contra un presidente. Antes de ser juzgado, Richard Nixon dimitió de su cargo el 8 de agosto de 1974.

Richard Nixon no dudó en utilizar la CIA y sus métodos de espionaje para conseguir sus logros políticos personales. Estas actividades encubiertas y a todas luces ilegales terminaron por explotarle en las manos y le obligaron a dimitir de su cargo como presidente de Estados Unidos. Fotografía de Oliver F. Atkins, «Richard Nixon abandonando la Casa Blanca», 9 de agosto de 1974. Nixon Library, Yorba Linda, California.

## LA ERA REAGAN O EL RENACER DEL ESPIONAJE

El período de la Guerra Fría que se extiende durante la década de los años setenta del siglo XX se denomina en ocasiones *Détente* porque existió una verdadera 'distensión' en las relaciones entre los dos bloques antagónicos. Sin embargo, en 1979 una serie de conflictos volvió a enfriar las relaciones y un nuevo período más beligerante comenzó entre los dos mundos opuestos. La Revolución Islámica iraní, que culminó en enero de 1979 con el exilio del *shah* Mohammad Reza Pahlevi y la llegada al poder del ayatolá Ruhollah Jomeini, instauró la República Islámica de Irán el 1 de abril de 1979. La situación en el país degeneró en la crisis de los rehenes estadounidenses, que se inició el 4 de noviembre de 1979 cuando un numeroso grupo de manifestantes iraníes, estudiantes que se autoproclamaban *Discípulos del Imán,* asaltaron la embajada estadounidense en Teherán, la capital iraní, y tomaron como rehenes a 66 estadounidenses, aunque liberaron entre el 19 y el 20 de noviembre a las mujeres y a los afroamericanos, trece personas en total.

Para el rescate se planteó una operación militar que quedó frustrada por la entrada del ejército soviético en Afganistán. Por ello se autorizó a la unidad antiterrorista de la Fuerzas Especiales del Ejército de Estados Unidos, *Luz Azul,* planear el asalto y empezar a prepararse para ello. No obstante, el presidente estadounidense, Jimmy Carter, era más partidario de una solución diplomática, pero esta no prosperó. Por ello, aprobó una complejísima misión secreta de rescate cuyo nombre era *Garra de Águila;* esta se inició el 24 de abril de 1980 y terminó siendo un fracaso. La crisis de Irán tuvo un grave coste político para Carter, porque supuso la llegada al poder en Estados Unidos de Ronald Reagan cuando le venció como candidato a la reelección. Reagan tuvo que

negociar con los iraníes la liberación de los rehenes estadounidenses cediendo a algunas de las pretensiones del
Gobierno de Teherán. Al fin los rehenes fueron liberados
el 20 de enero de 1981.

Durante el mandato de Ronald Reagan como presidente
de Estados Unidos se potenció el espionaje como en los
tiempos más calientes de la Guerra Fría. Con ello se alcanzó
el objetivo que se buscaba; acabar con la Guerra Fría y
con la Unión de Repúblicas Socialistas Soviéticas. Everett
Raymond Kinstler, «Retrato de Ronald Reagan», h. 1981.
Casa Blanca, Washington D. C.

Con el republicano Ronald Reagan se recrudeció la Guerra Fría por las tensiones con el bloque comunista. El presidente de Estados Unidos veía a la Unión Soviética y a su líder, Yuri Andropov, como un peligro por su política expansionista. Por ello impulsó la inteligencia estadounidense y el fortalecimiento de la CIA poniendo al mando a William Joseph Casey, desde el 28 de enero de 1981 hasta el 29 de enero de 1987. Las acciones internacionales encubiertas de la CIA bajo el mandato de Casey proliferaron en la década de los ochenta. Apoyó encubiertamente al movimiento contrarrevolucionario en Nicaragua mediante una facción auxiliar de la CIA al mando del teniente coronel del Cuerpo de los Marines estadounidenses Oliver North. Este escándalo político, denominado Irán-Contra o *Irangate,* consistió no sólo en la venta de armas al Gobierno de Irán durante la guerra entre esta República Islámica e Irak, gobernada por Saddam Hussein, sino también en la financiación del movimiento conocido como la «Contra» nicaragüense para derrocar al gobierno sandinista de Nicaragua, que había derrocado a la dictadura de Anastasio Somoza Debayle el 19 de julio de 1979. El gobierno Reagan y la CIA también apoyaron al sindicato polaco Solidaridad, fundado en septiembre de 1980 y dirigido por Lech Wałęsa, que consiguió ganar las selecciones de 1988 con la ayuda del Gobierno estadounidense, que prometió ayuda económica a Polonia si acababa con el régimen comunista.

Al igual que durante la presidencia de Ronald Reagan se potenció el espionaje estadounidense, el contraespionaje interno alcanzó grandes logros. Tal es así que el año 1985 fue llamado el *Año del Espía* debido a que a lo largo de él los servicios secretos destaparon diversas redes de espionaje dentro de Estados Unidos. Así en mayo de dicho año fue arrestado el oficial de la Armada John Anthony Walker, que había espiado para el KGB desde 1969 hasta 1985, tras ser denunciado por su propia ex mujer, Barbara Crowley. Walker había establecido una red de espionaje en la que operaba su propio hijo, Michael Walker. Esta red entregó a los soviéticos tecnología de alto secreto relacionada con un sistema de rastreo y detección de submarinos. John Anthony Walker fue sentenciado a cadena perpetua. El 21 de noviembre de 1985 fue arrestado por espiar para Israel Jonathan Jay Pollard, un analista de inteligencia de la armada estadounidense, y acabó siendo condenado a cadena perpetua. El 23 de noviembre del mismo año, Larry Wu-Tai Chin, un antiguo analista y traductor de chino de la CIA, fue arrestado por haber estado pasando información secreta a la República Popular China desde 1952.

También de la mano de Ronald Reagan un nuevo tipo de espionaje surgió a raíz de uno de los proyectos de defensa más criticados en su momento: la *Guerra de la Galaxias,* nombre popular para designar la SDI (Iniciativa de Defensa Estratégica), que pretendía defender Estados Unidos mediante una especie de sombrilla espacial que repeliese un posible ataque de misiles soviéticos y que, a la vez, pudiese espiar a la Unión Soviética. El director de la CIA consultó a sus expertos en enero de 1982 sobre la viabilidad del proyecto. En el estudio se planteó que la Unión Soviética lo entendería como una provocación, pero que no podría hacer frente a proyectos de tal envergadura, ya que la situación económica de la URSS estaba al borde del colapso. Las iniciativas del Gobierno Reagan y de la CIA, su fiel aliada, al embarcarse en la serie de operaciones encubiertas que hemos visto, y que fueron minando económicamente al «Imperio del mal», como denominaba en marzo de 1983 el presidente estadounidense a la Unión Soviética, surtieron su efecto.

Oliver North tuvo que realizar el «trabajo sucio» que no podía hacer directamente la CIA debido a que la comisión presidida por el congresista Edward P. Nolan presentó una enmienda en diciembre de 1982 que prohibía a la CIA armar al movimiento contrarrevolucionario de Nicaragua. «Oliver North testificando por el caso Irán-Contra», julio de 1987. Time Life Pictures/Getty Images, Washington D. C.

Mijaíl Gorbachov, jefe de Estado de la Unión Soviética desde 1985, consciente del estancamiento de la economía de su poderoso país, inició una serie de reorganizaciones y de reformas a lo largo de su mandato. La *perestroika,* nombre con el que se conoce la 'reconstrucción' de la Unión Soviética, fue anunciada entre febrero y marzo de 1986. La caída del Muro de Berlín en noviembre de 1989 supone el fin de la Guerra Fría y con ello el desmantelamiento paulatino y parcial de los servicios de espionaje del bloque comunista. Estados Unidos, al final del Gobierno de Reagan, se había erigido como única potencia en el mundo.

# 7

# Los nuevos retos del espionaje

## INTRODUCCIÓN

El fin de la Guerra Fría y la desaparición del mundo bipolar no supusieron, ni mucho menos, un período de paz mundial ni el término de las operaciones de inteligencia. Tras el colapso de la Unión Soviética, la hegemonía de Estados Unidos como principal potencia mundial convirtió a dicho país en el blanco fundamental del espionaje, pero no sólo para los servicios secretos de los países miembros del antiguo bloque comunista, sino incluso para sus propios aliados tradicionales, como por ejemplo Israel. La disolución del bloque comunista también tuvo una consecuencia crucial con respecto al mundo del espionaje, puesto que los servicios de inteligencia de los países satélites de la URSS fueron desmantelados, así como el temible KGB soviético. Los países occidentales buscaban a los agentes de las antiguas agencias de espionaje comunistas ofreciéndoles jugosas ofertas, bien para trabajar para ellos, bien para colaborar puntualmente con sus servicios secretos.

No obstante, un nuevo peligro global azotó a los países occidentales con la creación del grupo yihadista Al Qaeda, fundado por el saudí Osama bin Laden entre 1988 y 1989. Por ello, los servicios secretos comenzaron una guerra contra un enemigo al que hasta esos momentos nunca se habían enfrentado.

## El espionaje desde el cielo

A lo largo de la Guerra Fría, el espacio se fue convirtiendo en uno de los objetivos esenciales del espionaje entre las potencias. Desde que la tecnología al servicio del espionaje puso en órbita los primeros satélites de reconocimiento o satélites espías, se consiguió el conocimiento total de los posibles enemigos. El día 17 de septiembre de 2011, el Museo Smithsonian National Air and Space, en Washington D. C., mostró por primera vez al gran público el satélite espía estadounidense KH-9 Hexagon, más conocido como *Big Bird,* 'Gran Pájaro'. Este satélite de reconocimiento tuvo un papel muy importante en la recolección de información de la antigua Unión Soviética desde que se llevó a cabo el primer lanzamiento el 15 de junio de 1971 hasta la última misión, el 18 de abril de 1986, que resultó fallida. En total se lanzaron durante estos quince años veinte vuelos. La contrapartida de estos satélites espías estadounidenses eran los satélites Yantar soviéticos que estuvieron operativos desde el 23 de mayo de 1974, con el Yantar-2K. Este espionaje espacial ha continuado hasta ahora con la incorporación de nuevos satélites

El nuevo terror y el principal objetivo de los principales servicios de espionaje se centró en la figura de Osama bin Laden y su creación, el grupo terrorista *Al Qaeda* ('La Base'). Este millonario saudí, antiguo colaborador de Estados Unidos, se convirtió en el mayor enemigo de la potencia hegemónica mundial. Portada de la revista *Time* de 8 de febrero de 2001.

obviamente mejorados, como el Yantar-4K2M ruso, lanzado el 16 de abril de 2010; por parte estadounidense, el último satélite espía enviado al espacio es el KH-11 USA-224, cuyo lanzamiento tuvo lugar el 20 de enero de 2011.

El interés por el desarrollo de los satélites espías obviamente no se reduce a Estados Unidos y a Rusia. Otros países también se han lanzado a la conquista de este espionaje espacial. Por ejemplo, Israel ha impulsado desde 1988 su proyecto Ofek de satélites de reconocimiento, que ha llegado al Ofek-9, lanzado al espacio el 22 de junio de 2010, con el fin prioritario de espiar las instalaciones militares de Irán y de todos los países que puedan suponer un peligro para Israel. Estados Unidos también se ha unido a otros países, como es el caso de Alemania, para desarrollar el proyecto de los satélites espías HIROS, o Sistema de Alta Resolución Óptica, que se pondrán en órbita a partir de 2013. Con estos satélites, ambos países dispondrán de puntual información visual día y noche sobre todo lo que ocurra a lo largo y ancho del planeta, con capacidad para observar objetos de 50 cm de tamaño, lo que les permitirá no sólo identificar a cualquier individuo, sino incluso el tipo de arma que pudiera llevar.

## La traición que no cesa

Sin embargo, los altos costes económicos que conlleva investigar con esta tecnología y con el desarrollo de los satélites de reconocimiento, reactivó el espionaje tecnológico espacial. Estados Unidos, como punta de lanza en la investigación espacial, ha sufrido principalmente la acción de estos espías, que han suministrado información secreta a los más diversos países. Así, Shu Quan-Sheng, físico chino nacionalizado estadounidense, fue condenado el 17 de noviembre de 2008 por haber pasado ilegalmente información acerca de datos técnicos sobre las lanzaderas espaciales y sobre informes de defensa de Estados Unidos a la República Popular de China.

El espionaje de las altas tecnologías de inteligencia tuvo una repercusión muy importante al final de siglo XX y principios del XXI, porque suponía para el resto de países la única posibilidad de acercarse al poder hegemónico en tecnología de Estados Unidos. Asimismo, les ofrecía la posibilidad de conseguir dicha tecnología en menos tiempo y con una inversión de capital infinitamente inferior. Foto de Adrin Snider, Shu Quan-Sheng, en su despacho en Newport News, *The Daily Press*. Virginia, Estados Unidos.

Anteriormente ya había recibido China información clasificada sobre alta tecnología por parte de Peter H. Lee. Durante la década de los ochenta y de los noventa del siglo XX, mientras trabajaba como físico nuclear en el Laboratorio Nacional de Los Alamos, Lee tuvo contactos con científicos chinos a los que suministró información clasificada sobre el desarrollo de unos dispositivos llamados *hohlraums*, que utilizaban el láser para crear detonaciones nucleares microscópicas. El servicio de contrainteligencia del FBI tuvo sospechas de Lee y abrió una investigación contra él en 1993. El resultado fue el arresto y la condena final del espía estadounidense el 26 de marzo de 1998. China también ha sido la destinataria de otros actos de espionaje que van desde la obtención de un código de acceso a los sistemas informáticos del Gobierno de Estados Unidos, tal como hizo el operador de señales de Fort Bragg en Carolina de Norte, Eric O. Jenott, en junio de 1996, hasta informes de alta tecnología militar como los recabados por el espía Yen Men Kao hasta que fue arrestado el 3 de diciembre de 1993. La histeria creada en Estados Unidos por el espionaje chino condujo a la cárcel injustamente al doctor de origen taiwanés Wen Ho Lee en diciembre del año 1999, acusado de robar secretos sobre el arsenal nuclear estadounidense con el fin de enviarlos clandestinamente a China. En junio de 2006 Ho Lee fue exonerado de sus cargos e indemnizado por el gobierno del presidente Bill Clinton.

La República Popular China no es el único país que se ha visto envuelto en operaciones de espionaje contra Estados Unidos desde finales de los ochenta. Otros países también han utilizado a sus espías para conseguir secretos estadounidenses, pero no sólo los países que se incluían tradicionalmente entre sus potenciales enemigos, como Cuba o Irak, pagaron los servicios de espías dentro del territorio estadounidense, como el caso del ex funcionario del Servicio de Inmigración cubano nacionalizado estadounidense Mariano Faget, que en febrero de 2000 fue arrestado por pasar información clasificada al régimen castrista, o el de Ana Belén Montes, que por la misma acusación fue condenada en septiembre de 2001. Por otra parte, el sargento estadounidense Brian Patrick Regan fue condenado a cadena perpetua por vender información secreta al gobierno iraquí de Saddam Hussein y a la Libia del coronel Muamar el Gadafi. También países pertenecientes a la OTAN como Grecia han conseguido secretos estadounidenses a través del espía Steven John Lalas, un funcionario del Departamento de Estado que fue condenado en mayo de 1993 por pasar al país heleno documentos clasificados desde 1991 hasta el año de su detención. El capitán de corbeta de la armada estadounidense Michael Stephen Schwartz, entre noviembre de 1992 y septiembre de 1994, estuvo mandando información clasificada NOFORN, es decir, prohibida para personal extranjero no estadounidense, a oficiales de la Armada de Arabia Saudí, cuando estaba destinado en Riad, la capital de dicho país; Schwartz se libró de ser juzgado en un Consejo Militar porque alegó ayudar a un país aliado en la Segunda Guerra del Golfo o Guerra de Irak.

Obviamente, el país que más ha practicado el espionaje contra los intereses estadounidenses ha sido Rusia, de la misma manera que anteriormente lo fue la extinta Unión Soviética. La diferencia tecnológica entre los dos rivales de la Guerra Fría se había acrecentado enormemente, por lo que Rusia se vio empujada al robo de los avances tecnológicos y militares estadounidenses. Para ello infiltró topos o agentes encubiertos.

El agente infiltrado más importante de finales del siglo XX fue Aldrich Hazen Ames, que empezó a trabajar para la Unión Soviética y después pasó a los servicios de la Federación Rusa. Desde su posición como analista de la contrainteligencia de la CIA, en la que llegó a ser el director de análisis de las operaciones de inteligencia soviéticas, tenía acceso a la identidad de los agentes de la CIA infiltrados en el KGB y el ejército de la URSS. De esta manera pudo desenmascarar a diez topos dentro de los servicios secretos; uno de los más importantes fue el general de la inteligencia militar soviética, o GRU, Dmitri Fiodorovich Polyakov; entre la información dada por este a la CIA destaca la confirmación del distanciamiento entre la Unión Soviética y China, hecho que fue aprovechado por Nixon para iniciar un acercamiento a China; también fue fundamental la información militar suministrada por Polyakov sobre los misiles anticarros, que fue utilizada para diseñar parte de la estrategia que siguieron en la Primera Guerra del Golfo. La CIA perdió contacto con su principal topo en la URSS a partir de 1986; dos años después Polyakov fue ejecutado, el día 15 de marzo.

Los servicios secretos estadounidenses tenían la seguridad de contar con un agente doble entre sus filas. Las pesquisas del contraespionaje llevaron a la detención de dos agentes dobles; por un lado Aldrich Hazen Ames, que fue arrestado en febrero de 1994, y su mujer, Rosario Dupuy, el 22 de febrero del mismo año. Ames fue condenado a cadena perpetua, y su mujer, a cinco años de prisión, tras los cuales fue deportada a Colombia. El segundo agente detenido tras la desaparición de Polyakov fue el agente del FBI Robert Philip Hanssen, encargado de la unidad de análisis soviético, donde realizaba labores de contraespionaje para evaluar a los agentes soviéticos que tomaban la decisión de trabajar para los servicios secretos estadounidenses. Esta posición privilegiada le permitía tener acceso a dichos espías y así poder denunciarlos a la KGB y después a su sucesor el Servicio de Inteligencia Extranjera o SVR, como hizo con los espías soviéticos que trabajaban para Estados Unidos Boris Yuzhin, Valery Martynov y Serguei Motorin. Finalmente Robert Hanssen fue arrestado el 18 de febrero de 2001 y condenado a cadena perpetua.

Quizás el caso más paradigmático de la traición en el mundo del espionaje estadounidense fue el de Aldrich Hazen Ames. Dicho agente no dudó en desenmascarar a los espías dobles infiltrados en la Unión Soviética a cambio de enormes sumas de dinero, que, a la postre, fueron los indicios que llevaron a la contrainteligencia estadounidense a detenerlo. Foto de Dennis Paquin, Aldrich Hazen Ames abandonando el juzgado Federal en Alexandria, 28 de abril de 1994. Virginia, Estados Unidos.

Incluso el principal aliado en Oriente Próximo de Estados Unidos, Israel, ha espiado a su nación amiga. El principal caso de espionaje israelí en Estados Unidos es el del agente Johathan Jay Pollard, un analista civil de la contrainteligencia naval de Estados Unidos de origen israelí que no dudó en vender documentos clasificados a la inteligencia de Israel. Su alto nivel de vida, sus continuas vacaciones con su mujer, Anne Henderson Pollard, en Israel y por Europa, así como ciertas actividades extrañas en su trabajo, como fotocopiar documentos que no eran necesarios para su desempeño profesional, levantaron las sospechas del NCIS o Servicio de Investigación Criminal Naval, y del FBI. Tras demostrarse su culpabilidad, Pollard fue condenado a cadena perpetua y su mujer a cinco años de prisión. En 1995 Israel le concedió la ciudadanía, pero no admitió que fuera un espía que trabajara para los servicios secretos israelíes hasta el año 1998, momento en el que solicitó su repatriación a Israel. Otro de los casos notorios de espionaje por parte de Israel fue el del coronel en la reserva y agente del Pentágono Larry Franklin, que trabajaba en la Oficina de Proyectos Especiales creada por el secretario de Defensa, Donald Rumsfeld, durante el mandato del presidente George W. Bush. El antiguo coronel estadounidense fue condenado el 20 de enero de 2006 a trece años, conmutados por diez meses de arresto domiciliario, por pasar información a los servicios de inteligencia israelíes a través del Comité Americano de Asuntos Públicos de Israel, o AIPAC, y de un diplomático israelí llamado Naor Gilon.

## EL *AFFAIR* PLAME

A veces la traición en el mundo del espionaje no tiene lugar por la acción de un topo o un agente infiltrado, sino que llega a producirse desde las más altas esferas del poder. Así ocurrió en uno de los mayores escándalos acaecidos durante el gobierno del presidente estadounidense George W. Bush, con el caso Plame o, como lo llamó la prensa estadounidense, el *Plamegate*. La polémica se inició con la publicación de un artículo en el periódico *Washington Post* firmado por Robert D. Novak en el que filtraba el nombre de Valerie Plame, una agente encubierta de la CIA que trabajaba como analista de energía en una empresa privada que era, en realidad, un centro operativo de la central de inteligencia estadounidense. Esta filtración periodística fue la reacción a las declaraciones del marido de Plame, el ex diplomático estadounidense Joseph Wilson, en las que aseguraba no haber encontrado indicios de que el gobierno iraquí de Saddam Hussein hubiese adquirido uranio para su programa nuclear en el estado africano de Níger. La aparición del nombre de la agente en la prensa salpicó a la administración del entonces presidente Bush. El acusado por dicha filtración a la prensa fue Lewis *Scooter* Libby, antiguo asesor del vicepresidente Dick Cheney. En octubre de 2005 fue juzgado por un delito federal y procesado por cinco cargos relativos al *Plamegate:* dos cargos por perjurio, dos cargos por falso testimonio y un cargo por obstrucción a la justicia. El 5 de junio de 2007, el juez Reggie B. Walton sentenció a Libby a treinta meses de cárcel, una multa de 250.000 dólares, dos años de libertad condicional y 400 horas de trabajos sociales.

## EL «GRAN HERMANO» GLOBAL: ECHELON

El 11 de julio de 2001 el Parlamento Europeo publicó un informe sobre la existencia de un sistema mundial de interceptación de comunicaciones privadas y económicas; dicho sistema de espionaje es la llamada Red ECHELON. En este informe se recogía un estudio previo realizado en el año 1997 por STOA *(Scientific and Technological Options Assessment)*, el comité de Evaluación de Opciones Científicas y Tecnológicas. Según esta comisión europea, ECHELON intercepta de manera habitual todas las comunicaciones de correo electrónico, fax y teléfono, sea cual sea su remitente, mediante estaciones de interceptación de comunicaciones por satélite y satélites espía con capacidad para ejercer una vigilancia simultánea de todas ellas. Sin embargo, la primera vez que salió a la luz la red ECHELON fue en agosto de 1972, cuando Perry Fellwock, un antiguo analista de la Agencia Nacional de Seguridad, concedió una entrevista a la revista estadounidense *Ramparts*. ECHELON, tal como lo conocemos en la actualidad, funciona a escala mundial gracias a la cooperación de cinco estados de habla inglesa, Estados Unidos, Gran Bretaña, Canadá, Australia y Nueva Zelanda, que forman la comunidad conocida con el acrónimo UKUSA. Cada país de esta alianza recaba información de inteligencia a través de distintas organizaciones gubernamentales bajo la dirección de la Agencia Nacional de Seguridad estadounidense, la NSA, cuyo centro operativo, cocido como *Crypto City,* se encuentra en Fort Meade, Maryland, en Estados Unidos. Los orígenes de esta alianza de naciones hay que buscarlos en la firma del tratado de cooperación del 17 de mayo de 1943 entre el Reino Unido y Estados Unidos, conocido como *BRUSA Agreement* o Acuerdo británico-estadounidense, que estableció un marco para el intercambio de información recabada por los sistemas de telecomunicaciones de ambos países. Tres años después, el 15 de marzo de 1946, se firmó otro acuerdo ya con el nombre UKUSA, al que se unieron los tres países antes mencionados.

Lewis *Scooter* Libby fue condenado por revelar la identidad de la agente de la CIA Valerie Plame; sin embargo, el presidente estadounidense George W. Bush le conmutó la pena de cárcel por considerarla excesiva, manteniendo las restantes condenas. Para muchos, esta decisión presidencial se debió a un intento de favorecer al hombre de paja que se había sacrificado con el fin de salvar a cargos más altos del Gobierno de Bush. Fotografía de *Scooter* Libby entrando en el juzgado.

El sistema ECHELON desarrollado por estas naciones tenía en un principio como objetivo prioritario las escuchas de las transmisiones militares y diplomáticas de los países del bloque comunista y la recolección de información acerca de su arsenal bélico. Sin embargo, tras la caída de la Unión Soviética y de sus países satélites, y la aparición de internet como red de acceso público a principios de la década de los noventa del siglo xx, ECHELON dirige sus objetivos de espionaje hacia elementos más propios del espionaje civil, fundamentalmente político y económico, sin dejar de lado, por su puesto, su misión primigenia de espionaje militar. Con sus más de ciento veinte satélites espías y estaciones de tierra, ECHELON es capaz de rastrear el 90 % de las comunicaciones de internet. A través de unos superordenadores llamados *Diccionarios,* seleccionan la información recabada mediante una especie de léxico que discrimina una serie de palabras susceptibles de encerrar un mensaje sospechoso. Por otra parte, en el año 1995 se creó en Bruselas el sistema ENFOPOL, acrónimo de *Enforcement Police* o 'Policía de refuerzo', como contrapartida de la red ECHELON, para la interceptación de comunicaciones de la Unión Europea tanto con fines militares, como policiales, en virtud de las políticas de vigilancia, control y prevención de las amenazas que las autoridades públicas identifican entre los grupos desestabilizadores o subversivos, así como contra el crimen organizado, el tráfico de personas y la inmigración ilegal.

## Un nuevo peligro

Todas estas altas tecnologías, sin embargo, no fueron capaces de evitar la serie de atentados terroristas que azotaron Estados Unidos el 11 de septiembre de 2001. Diecinueve miembros del grupo yihadista, es decir, propugnador de la *yihad* o guerra santa, Al Qaeda, secuestraron ese día cuatro aviones. En primer lugar, el vuelo 11 de American Airlines y el 175 de United Airlines se utilizaron para cometer uno de los actos terroristas que más han conmocionado al mundo: el atentado del *World Trade Center* en Nueva York, al estrellarse contra las llamadas Torres Gemelas, causando la muerte de 2.719 personas. En segundo lugar, el vuelo 77 de American Airlines fue estrellado contra el Pentágono, la sede en la ciudad de Washington del

Departamento de Defensa estadounidense, atentado en el que murieron 189 personas. Y, por último, el vuelo 93 de United Airlines, que fue estrellado en un descampado cerca de Shanksville, en Pensilvania y causó la muerte de cuarenta y cuatro personas.

La red global ECHELON fue un elemento fundamental en la llamada «Guerra contra el terror» llevada a cabo por Estados Unidos contra el Gobierno de Saddam Hussein. Así se pudo deducir por las declaraciones del Secretario de Defensa estadounidense, Colin Powell, cuando en una comparecencia en la ONU el 5 de febrero de 2003 dio a conocer comunicaciones por teléfonos vía satélite entre altos mandos militares iraquíes pinchados por dicho sistema de espionaje. Fotografía aérea de las instalaciones de ECHELON en Menwith Hill, Gran Bretaña.

Tras estos atentados que sacudieron Estados Unidos y el mundo entero, la Administración del presidente estadounidense George W. Bush le declaró la guerra al terrorismo. Para llevarla a cabo, el Congreso y el Senado estadounidenses aprobaron el 26 de octubre de 2001 la Ley Patriótica *(USA Patriot Act)* mediante la cual se dotaba de mayor poder a las agencias de seguridad estadounidenses para mejorar la vigilancia contra los delitos de terrorismo. La Agencia Nacional de Seguridad (NSA), la CIA y el FBI salieron muy reforzados tras la aprobación de dicha ley. A la NSA se le permitió implantar un sistema de vigilancia y escuchas integral incluso dentro del territorio estadounidense; de esta manera la Agencia de Seguridad pasaba a tener funciones puramente policiales.

El hecho de dar a las agencias de inteligencia de Estados Unidos este poder absoluto sobre la información, pretendía evitar un nuevo fallo de esos mismos servicios de inteligencia en relación con el terrorismo islámico. Efectivamente, la CIA no había estado a la altura que se le suponía. Desde la caída de la Unión Soviética, la Agencia se había burocratizado muchísimo; adolecía de falta de agentes de campo, de infiltrados, de topos dentro de las organizaciones terroristas. Los atentados de Al Qaeda no eran nuevos para los servicios de seguridad de Estados Unidos; las embajadas estadounidenses de Nairobi, en Kenia, y de Dar es Salaam, en Tanzania, habían sufrido sendos ataques terroristas el 7 de agosto de 1998; e incluso se cree que el primer atentado en el *World Trade Center* del 26 de febrero de 1993 había sido financiado por Khaled Shaikh Mohammed, un miembro de Al Qaeda. Además, se sabe que meses antes de los atentados del 11-S los servicios secretos estadounidenses habían pinchado y grabado las conversaciones telefónicas de los terroristas, pero al no tener suficientes traductores de árabe no pudieron procesar esa información, ni generar inteligencia, así, por lo tanto, no estaban precavidos para poder evitar el ataque terrorista de Al Qaeda. Por otro lado, se ninguneó un informe que llegó a la oficina del FBI en Phoenix en julio de 2001 y que advertía del peligro que podía suponer la presencia de jóvenes árabes como alumnos en las academias de vuelo estadounidenses. El director del FBI, Robert Mueller, no leyó ese informe hasta unos días después del 11-S.

Diez días después de los atentados, el 21 de septiembre de 2001, el presidente Bush se dirigió en el Capitolio al Congreso y al Senado de su país con un discurso en el que daba un ultimátum al régimen talibán de Afganistán para que les entregara a los dirigentes de Al Qaeda, incluido Osama bin Laden. En su intervención, Bush afirmó que emplearía todos los medios a su alcance, desde el punto de vista diplomático, financiero y legal, así como todas las herramientas de inteligencia y todas las armas de guerra necesarias para la destrucción y la derrota de la red global del terror. Así se hizo tanto en la primera acción bélica de Estados Unidos en dicha guerra contra el terror, con la invasión de Afganistán el 7 de octubre de 2001, como en la invasión de Irak el 20 de marzo de 2003. Sin embargo, las acciones de Al Qaeda a nivel internacional continuaron dejando un rastro sangriento por el mundo, como ocurrió en los atentados en la capital de España, Madrid, el 11 de marzo de 2004, que se cobraron la vida de 191 personas y ocasionaron 1.858 heridos; o en los actos terroristas en Londres, el 7 de julio de 2005, en los que murieron 56 personas y 700 fueron heridas; o los atentados del 11 de diciembre en la capital noruega, Estocolmo, en los que murió el terrorista Taimur Adulwahab al-Abdaly y dos personas resultaron heridas.

En el discurso del Capitolio, Bush también daba una clave para entender el tipo de guerra que se libraría contra el terrorismo islamista, ya que no sería una batalla, sino una larga campaña bélica que incluiría operaciones encubiertas secretas; una de ellas, ejecutada el 2 de mayo de 2011 por una unidad de élite de los SEAL, el cuerpo de operaciones especiales de la Armada estadounidense, en coordinación con la CIA, consiguió acabar con la vida de Osama bin Laden en Abbottabad,

Los atentados del 11-S en Estados Unidos parece que obedecían a un patrón claramente definido: atacar el poder financiero de dicho país, simbolizado por las Torres Gemelas; arremeter contra el poder militar estadounidense, representado por el Pentágono, y atacar el poder político, simbolizado por el Capitolio o la misma Casa Blanca, posibles objetivos del avión estrellado en Pensilvania. Foto en *Life* de Spencer Platt, el Boing 767 impacta contra la torre Sur en el *World Trade Center* de Nueva York, 11 de septiembre de 2001.

una pequeña población a 60 kilómetros de Islamabad, la capital de Pakistán. La operación, cuyo nombre en clave era Operación Gerónimo, se organizó a partir de una información dada por agentes secretos paquistaníes que trabajaban para la CIA al localizar a uno de los colaboradores y mensajeros de Osama bin Laden, el kuwaití Abu Ahmad, en la ciudad paquistaní de Peshawar. A partir de ese momento, los agentes de la CIA comenzaron a realizarle una estrecha vigilancia que los condujo hasta la mansión fortificada donde vivía Bin Laden en Abbottabad. Desde el instante que se supo cuál era la residencia de Bin Laden, la CIA espió dicha mansión durante meses a través de fotografías vía satélite e informes de inteligencia para conocer los posibles habitantes de la casa, incluidos los servicios de seguridad de los que disponía. La operación se llevó tan en secreto que se asegura que no se informó de ella ni al Gobierno paquistaní.

## EL ASESINATO POR ENCARGO

No son sólo los servicios secretos estadounidenses los que han practicado las «acciones ejecutivas» o «asesinatos selectivos» de miembros que resultaban peligrosos para el Estado o la seguridad nacional, con la autorización expresa del propio Gobierno para llevarlos a cabo. También los servicios secretos rusos, o FSB, Servicio Federal de Seguridad, fueron acusados de causar la muerte, el 7 de octubre de 2006, de la periodista Anna Politkovskaya, y del ex teniente coronel de la KGB Alexandr Litvinenko, fallecido el 23 de noviembre de 2006.

Anna Stepanovna Politkovskaya se había dado a conocer mundialmente por las denuncias realizadas sobre la situación que se vivía en la República de Chechenia, y por su oposición a Vladimir Putin, el entonces presidente de Rusia, país al que pertenece dicha república. Estas críticas aparecían en sus artículos en el periódico *Novaya Gazeta* y en sus libros. Mientras preparaba un trabajo de investigación sobre el empleo sistemático de la tortura en Chechenia, fue asesinada en el ascensor de su domicilio con dos disparos, uno en el pecho y otro en la cabeza. Por dicho asesinato fueron juzgados en 2009 tres hermanos de origen checheno, Rustam, Dzhabrail e Ibrahim Makhmudov, junto con el ex capitán de policía Serguei Khadzhikurbanov y ex teniente coronel de los servicios secretos Pavel Riaguzov; todos ellos salieron absueltos el 19 de febrero de aquel año.

Por consiguiente, el asesinato de Anna Politkovskaya seguía estando impune. En la tarea de resolverlo se afanó un ex teniente coronel del FSB, Alexander Litvinenko. El antiguo agente ruso había denunciado la corrupción dentro del Servicio Federal de Seguridad; por ello fue perseguido en su país y tuvo que refugiarse en el Reino Unido tras pedir asilo político a dicho país. En el año 2006 consiguió la nacionalidad británica y se dedicó, como ya hemos dicho, a investigar el asesinato de la periodista rusa y, como ella, a denunciar las injusticias y los casos de torturas en Chechenia. Asimismo, ya asentado en el Reino Unido, Litvinenko colaboró con el MI-5 en la lucha contra el crimen organizado, fundamentalmente el proveniente de la Europa del Este. El día 1 de noviembre de 2006, fue envenenado con polonio-210 radiactivo. Las investigaciones apuntaban a Mario Scaramella, un hombre de negocios italiano que había servido como agente secreto; a Dimitri Kovnu, un empresario ruso, y a Andrei Lugovoi, un ex agente del KGB amigo de Litvinenko. Estos tres individuos eran las personas con las que se había reunido el disidente ruso. Las pesquisas de Scotland Yard, junto con el MI-5 y el MI-6, condujeron finalmente a la acusación de Andrei Lugovoi por asesinato y a reclamar por parte de la fiscalía británica su extradición a Rusia el 23 de mayo de 2007, pero este país no se la ha concedido.

La denuncia de la situación en Chechenia y las críticas al
líder ruso Vladimir Putin fueron plasmadas por la escritora
ruso-estadounidense Anna Politkovskaya en libros como
*Una guerra sucia: una reportera rusa en Chechenia* o *La Rusia
de Putin*. Sin lugar a dudas, estas fueron las causas por las
que fue asesinada el 7 de octubre de 2006. Fotografía de
Prudence Upton, Anna Politkovskaya (en la imagen, a la
derecha, con el pelo cano), en el Festival de escritores de
Sidney, Australia, mayo de 2006.

El Gobierno de Israel, al igual que hizo durante
la Operación Cólera de Dios en 1972, ha continuado
encargando al Mossad la preparación de acciones ejecutivas con el fin de liquidar selectivamente a objetivos
peligrosos para el Estado judío. De esta manera, el
entonces primer ministro israelí Ariel Sharon ordenó la
realización de la Operación Venganza, que tenía como
objetivo la ejecución del jeque Ahmed Yassin, líder
del grupo islamista palestino Hamás. Después de un
operativo de espionaje por parte de los miembros de los
servicios secretos israelíes, en el que se estudiaron todos
los pasos diarios y rutinas que tenía el líder de Hamás,

siempre postrado en una silla de ruedas y acompañado de sus guardaespaldas y de su hijo Abdul Aziz Yasin. Tras salir de una de sesión de oración en la madrugada del 22 de marzo de 2004, fue alcanzado por un misil AGM-114 *Hellfire* aire-tierra lanzado desde un helicóptero de combate *Apache*.

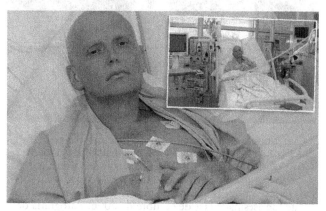

El envenenamiento por polonio-210 radiactivo del disidente ruso Alexander Litvinenko todavía sigue siendo un misterio porque se encontraron restos de tal sustancia en diversos lugares de Gran Bretaña el día en que fue asesinado. Tras la muerte de Litvinenko, cuando su mujer, Marina Litvinenko, desveló que su marido era colaborador del MI-5, se complicó aún más la línea de las investigaciones. Alexander Litvinenko, poco antes de su muerte en el Hospital del University College, Londres.

Otras veces el Mossad no utiliza tecnología militar tan avanzada, sino que emplea los métodos más básicos y primitivos del espionaje para sus acciones ejecutivas. Así operaron, el 19 de enero de 2010 en el Hotel Rotana al Bustán de Dubai, la capital de los Emiratos Árabes Unidos, los miembros de un comando compuesto por agentes israelíes del Mossad para acabar con la vida de

Mahmoud al-Mabhouh, importante integrante de Hamás y cofundador de su brazo armado, las Brigadas Izz ad-Din al-Qassam. Los miembros del comando israelí, once en total, se hicieron pasar por turistas europeos, seis de ellos con pasaportes de Gran Bretaña, uno con pasaporte francés, tres con pasaportes de Irlanda y uno con pasaporte alemán. El comando se dividió en grupos, todos ellos disfrazados con pelucas o con gorras de deporte y algunos ataviados con ropa también deportiva. Así pudieron vigilar cada uno de los movimientos de Al-Mabhouh dentro del hotel, hasta que un equipo entró en la habitación del miembro de Hamás y lo ejecutó.

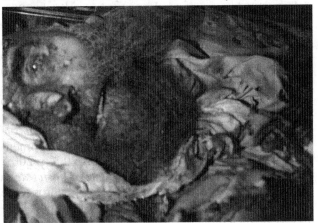

Los objetivos selectivos del Mossad y las fuerzas militares israelíes han sido a lo largo de su historia una de sus señas de identidad. Aunque tradicionalmente estas acciones ejecutivas se han analizado como una simple respuesta de venganza, esta no deja de ser una visión muy simplista, porque sus principales y verdaderos objetivos son enseñar el poder disuasorio de estas acciones y mostrar que nadie se escapa a la capacidad operativa del ejército israelí. Fotografía del cadáver de Ahmed Yassin tras el ataque israelí, 22 de marzo de 2004. Hospital Al-shifa, Gaza.

## Con él llegó el escándalo

Uno de los más importantes escándalos relacionados con el espionaje tuvo lugar en el año 2010, cuando salió a la palestra la existencia de una serie de informaciones confidenciales fundamentalmente relacionadas con la política exterior y la diplomacia de Estados Unidos, desde el 5 de abril hasta el 28 de noviembre del mismo año. Las filtraciones aparecieron gracias a WikiLeaks, la organización fundada por el australiano Julian Assange, cuyo escaparate al mundo es la página web que lleva el mismo nombre. Aunque el sitio apareció en diciembre del año 2006 y su actividad comenzó en julio de 2007, fue en el año 2010, como ya hemos dicho, cuando se realizaron las filtraciones más importantes. La primera filtración de ese año publicada en internet fue el vídeo de los asesinatos del periodista iraquí de la agencia alemana Reuters, Namir Noor-Elden, y de su conductor, Saeed Chmagh, llevado a cabo por un helicóptero AH-64 *Apache* estadounidense el 12 de julio de 2007; la siguiente filtración sacaba a la luz los llamados *Diarios de la Guerra de Afganistán,* que mostraban documentos sobre dicha contienda entre los años 2004 y 2009; el 22 de octubre de 2010 aparecían los *Diarios de la Guerra de Irak,* una serie de 391.831 documentos sobre el conflicto iraquí fechados entre el 1 de enero de 2004 y el 31 de diciembre de 2009.

Sin embargo, las filtraciones que más han sacudido las bases del espionaje estadounidense son los 251.187 cables o comunicaciones entre el Departamento de Estado estadounidense con sus embajadas en todo el mundo. El escándalo, llamado *Cablegate,* desveló que el Departamento de Estado había pedido a su personal diplomático que recopilara información acerca de los mandatarios políticos extranjeros, como los miembros permanentes del Consejo de Seguridad de la ONU, así como de funcionarios de Sudán, Afganistán, Somalia, Irán y Corea del Norte e incluso sobre los detalles técnicos de los sistemas de comunicación que utilizaban los altos funcionarios de las Naciones Unidas. Las filtraciones salpicaron a todas las agencias de servicios de inteligencia de Estados Unidos, tanto a la CIA, como al FBI y la NSA. Para acabar con las filtraciones de WikiLeaks, el Congreso de Estados Unidos pretendió prohibir el acceso a dicha organización y eliminarla de internet; algunos congresistas estadounidenses han urgido al Gobierno a que tome medidas radicales contra Julian Assange, al que han tildado de criminal enemigo cuyas acciones sirven de ayuda a los terroristas y a los regímenes criminales de todo el mundo. Otro de los objetivos, en este caso de los servicios de seguridad estadounidenses, era la búsqueda y captura de la fuente de donde provenían las filtraciones. Una información dada por Adrian Lamo, un *hacker* estadounidense, condujo al arresto del soldado de primera y analista de inteligencia del ejército estadounidense, Bradley E. Manning, acusado de filtrar toda la información clasificada del ejército estadounidense a la organización de WikiLeaks. El 13 de marzo de 2011 fue acusado formalmente de 22 cargos, entre ellos el de ayudar al enemigo, ya sea civil o militar, lo que le podría acarrear la pena de muerte.

Ciertamente, Julian Assange y WikiLeaks, además de mostrarnos parte de la verdad que rodea a la mayor potencia del mundo y que mantiene oculta a los ojos del resto del mundo, nos han enseñado cómo el espionaje, a pesar de la utilización de las más modernas tecnologías al alcance del ser humano, cómo los ordenadores más potentes, los teléfonos vía satélite o los mismos satélites espías, terminan, tal como demuestran los cables diplomáticos filtrados a la prensa, quedando en manos del elemento más importante e imprescindible: el factor humano; en este caso, en manos del diplomático que recaba información para su gobierno sobre los mandatarios a los que tiene acceso; el diplomático actúa igual que en la Edad Media o en la Edad Moderna, como vimos tantas páginas atrás.

WikiLeaks ha demostrado, con las filtraciones hechas a la prensa de secretos diplomáticos estadounidenses, la importancia que tienen para los Gobiernos las informaciones recabadas por sus funcionarios en las embajadas extranjeras, a los que explícitamente se les encomienda esa misión que, sin duda, entra dentro de lo que es el espionaje. Julian Assange durante una conferencia de prensa en Londres, Gran Bretaña; foto de Leon Neal, *Life,* 26 de julio de 2010.

Los tiempos que llegaron tras el final de la Guerra Fría y la caída del bloque comunista no trajeron la tan ansiada época dorada de la paz, el momento en que, al igual que cayó el Muro de Berlín, se derribaran las escuchas, el ocultamiento de información, el declive del espionaje. Ocurrió todo lo contrario; si bien ya no había una lucha de espías en dos bandos antagónicos bien delimitados y con un cierto equilibrio de fuerzas, a finales del siglo xx y principios del tercer milenio ha entrado en escena un nuevo terror que hay que vigilar, y del que ninguna nación se libra: el terrorismo yihadista internacional. Los Gobiernos, y con ellos las agencias de inteligencia, han de enfrentarse a un conflicto asimétrico, las fuerzas a las que se enfrentan son mucho menores y, por tanto, invisibles y con mayor capacidad de reacción; son cambiantes, puesto que varían adaptándose a cada lugar donde actúan, tanto en los métodos como en los propios componentes de los comandos; y son globales, porque se extienden por todo el mundo. Por ello, las agencias de inteligencia mundiales han de adaptarse a este nuevo hiperterrorismo, como se han adaptado a las nuevas tecnologías. El espionaje, pues, lejos de ser una actividad del pasado, sigue siendo una elemento fundamental en la seguridad de los países para su propia estabilidad y pervivencia, y el espía continúa siendo un elemento importantísimo en el devenir de la historia.

# Anexo
# Los modernos servicios secretos españoles: del CSID al CNI

## INTRODUCCIÓN

Durante la campaña presidencial estadounidense de 1984 que enfrentó a Ronald Reagan y al candidato demócrata Walter Mondale, los republicanos emitieron un *spot* en el que aparecía un enorme oso merodeando por un bosque. Mientras tanto, la voz en *off* de un narrador emitía el siguiente mensaje: «Hay un oso en el bosque. Para algunos el oso es fácil de ver. Otros no lo ven en absoluto. Algunas personas dicen que el oso es dócil. Otras dicen que es violento y peligroso. Como nadie puede estar realmente seguro de quién tiene razón, ¿no es inteligente ser tan fuerte como el oso, si es que hay un oso?».

En la campaña de George W. Bush de 2004, los electores estadounidenses pudieron ver un anuncio en el que aparecía una manada de lobos en lo profundo de un bosque. La voz en *off* de la narradora emitía un mensaje contundente: «En un mundo cada vez más peligroso, incluso después del primer ataque terrorista contra América, John Kerry y los liberales del Congreso votaron reducir las operaciones de inteligencia de América en seis mil millones de dólares. Recortes tan profundos podrían debilitar las defensas de América. Y la debilidad atrae a aquellos que están esperando para hacer daño a América». Durante la emisión de estas palabras, los lobos, acercándose a la cámara, con las miradas fijas en el objetivo, parecen iniciar el ataque contra los espectadores. El *spot* termina con un corte a una nueva escena, en la que aparece George W. Bush en su despacho hablando por teléfono: «Soy George W. Bush y he aprobado este mensaje».

En ambas campañas electorales, los republicanos echaron mano del miedo como recurso político. En el año 1984 ese temor estaba representado por el oso, como símbolo del poder soviético, de la antigua URSS. En plena Guerra Fría, cuatro años después del boicoteo de los Estados Unidos a la Olimpiada de 1980 en Moscú, debido a la invasión de Afganistán por las tropas soviéticas, la Unión de Repúblicas Socialistas Soviéticas seguía siendo el enemigo a combatir, el responsable del «terror rojo». Como enemigo único, el bloque socialista estaba representado por un oso solitario, al que había que vigilar, porque según unos es fácil de observar en el bosque, pero otros no pueden verlo nunca en la espesura. Esta visión del mundo bipolar, como hemos analizado anteriormente, tenía su reflejo en la labor de los servicios secretos de ambas potencias: el espionaje mutuo, que se extendía a los demás países bajo sus respectivas influencias políticas. Sin embargo, el mundo del año 2004 era distinto: el muro de Berlín había caído en el año 1989, la URSS se había disuelto y sólo quedaban reductos comunistas; China había abierto lentamente sus puertas al capitalismo y había extendido sus redes económicas globalizadoras por el planeta. Pero el cambio fundamental, el punto de inflexión del siglo XXI, iba a llegar, como hemos visto, al comienzo del nuevo siglo, el 11 de septiembre de 2001, con los atentados del *World Trade Center* de Nueva York. El nuevo terror ya no podía ser simbolizado por un solitario oso; ya nadie podía pensar que el nuevo terror (o al menos su símbolo) fuera dócil. Ahora estaba simbolizado por una manada de lobos, porque el horror del siglo XXI era así: múltiple, disperso, silencioso, oculto. No se erguía como el oso, amenazante, al atacar. Este enemigo golpeaba ocultamente, camuflado, protegido por el oscuro follaje del bosque. Como el lobo, los nuevos enemigos de los EE. UU. atacan en conjunto, coordinados, aunque los actos terroristas se realicen individualmente y el atacante muera en la acción. Por ello, el énfasis en la campaña electoral y en su publicidad está en la crítica de los republicanos al recorte presupuestario propuesto por los demócratas para los servicios de inteligencia, puesto que sólo con el trabajo metódico de estos, con su adaptación a los nuevos peligros, los gobiernos serán capaces de acabar con las nuevas amenazas terroristas.

## LOS SERVICIOS SECRETOS EN LA TRANSICIÓN ESPAÑOLA

De la misma manera que los servicios secretos estadounidenses han ido transformándose, cambiando de piel para adaptarse a los nuevos tiempos y a los nuevos objetivos, los servicios de inteligencia españoles han ido cambiando desde el comienzo de la democracia española hasta la actualidad.

La conmoción que produjo en el mundo la revuelta de Mayo del 68, que desde Francia se extendió por toda Europa y Estados Unidos, no tuvo la misma repercusión en España; con todo, no faltaron los movimientos sociales y estudiantiles de oposición a la dictadura franquista, que se materializaron en huelgas y manifestaciones de estudiantes universitarios. Esta situación llevó al subsecretario de Educación, Alberto Monreal Luque, a solicitar, el 27 de septiembre de 1968, al jefe del Alto Estado Mayor ayuda para evitar la subversión en la universidad española. El Estado Mayor crea para tal fin la Organización Contrasubversiva Nacional (OCN), bajo el mando del entonces comandante José Ignacio San Martín López, pero desvinculada, en apariencia, del Alto Estado Mayor, pues se puso al servicio del Ministerio de Educación y Ciencia. A partir de 1969, la OCN pasó a denominarse Servicio Central de Documentación (SECED). Las funciones de dicho organismo fueron ampliadas a partir de 1971; además de la sección dedicada al campo universitario, se organizaron dos secciones más: una que investigaba el mundo laboral, infiltrándose en los movimientos sindicales, y otra que se ocupaba del sector intelectual, cuya misión principal era investigar toda actividad ideológica que pusiera en peligro el régimen del general Franco. Ya en 1971, el SECED pasó a depender del Ministerio de la Gobernación, cuyo titular era Tomás Garicano Goñi. Santiago de Crüilles de Peratallada Bosch, a la sazón subsecretario de Gobernación, fue el encargado de los operativos de dicho organismo en marzo del mismo año. El 3 de marzo de 1972, al jefe del SECED se le asigna el cargo de director general, cuyo titular es el antiguo jefe de la OCN, José Ignacio San Martín López. El SECED se presenta como un organismo de inteligencia civil, al depender del Ministerio del Interior, pero que ha sido creado por militares, con una estructura militar, cuya misión es vigilar a los ciudadanos civiles dentro de España. Este servicio venía a unirse a los propios de la Guardia Civil, a los del ejército y a los de la Brigada de Investigación Social o Brigada Político-Social de la Policía. Aunque se intentó, fracasaron todos los intentos de crear un organismo que coordinara en solitario todos los demás servicios de inteligencia que operaban en España en esos tiempos.

## EL PRIMER SERVICIO SECRETO DE LA DEMOCRACIA ESPAÑOLA

La muerte de Franco el 20 de noviembre de 1975 y el paso de la dictadura a la democracia tuvieron su repercusión en la organización de los servicios de inteligencia. En primer lugar, se les privó a la Fuerzas Armadas de la competencia en tareas de inteligencia interior y se simplificó la multiplicidad de servicios para lograr una mayor capacidad. Fue así como nació en 1977 el Centro Superior de Información de la Defensa (CESID) de la mano del entonces vicepresidente del Gobierno y ministro de Defensa, el general Manuel Gutiérrez Mellado. Antes de las elecciones generales legislativas de las Cortes el 15 de junio de dicho año, Mellado convocó a Andrés Casinello, el director del SECED, y a Manuel Vallespín, el jefe de la división de inteligencia del Alto Estado Mayor, y les comunicó la decisión del Gobierno, liderado por su presidente Adolfo Suárez González, de unir sus dos organizaciones en una sola, con el fin de conseguir una mayor eficacia. Así, el 2 de noviembre se estableció la primera regulación del CESID.

La «Casa», como suele denominarse al CESID, ha sufrido dos etapas a lo largo de su existencia, que se corresponden con los años 1977-1982 para la primera etapa, momento en el que España ingresa en la OTAN, y desde el año 1982 hasta su sustitución por el Centro Nacional de Inteligencia (CNI), el 6 de mayo de 2002. En estas dos etapas, las misiones del CESID van a variar. Su prioridad inicial fue la información militar para evitar las eventuales intentonas golpistas por parte de los más recalcitrantes inmovilistas. Tras el conato de golpe de Estado del 23 de febrero de 1981, los objetivos del CESID se amplían. Además de ocuparse de la inteligencia militar, su cometido abarca la obtención, evaluación y difusión de la información relativa a las actividades de carácter terrorista. Asimismo, entre sus atribuciones están las tareas de contrainteligencia, con el fin de contrarrestar el espionaje y las actividades de los servicios de inteligencia extranjeros que pudieran atentar contra los intereses españoles. Aunque el antiguo CESID dependía del Ministerio de Defensa también trabajaba para el presidente del Gobierno. Por ello se fue conformando paulatinamente en un organismo mixto, con naturaleza militar y civil, tal como se desprende de los tipos de tarea de inteligencia que tenía asignadas. Por un lado, era el órgano de información del presidente del Gobierno; por otro, lo era también del ministro de Defensa. Y, por último, coordinaba la acción de los distintos organismos en relación con los procedimientos de cifrado y criptografía. En cuanto a su estructura, el director general era el cargo más elevado dentro de su organigrama; de él dependía la Secretaría General, al mando de un secretario general, a cuyo cargo había cuatro unidades de inteligencia distintas: Inteligencia exterior, Contrainteligencia, Inteligencia interior y Economía y tecnología.

Hacia el final de la década de los ochenta del siglo XX, como se indica al principio de esta sección, una serie de acontecimientos cambiaron la fisonomía del mundo bipolar de la Guerra Fría. El tradicional enemigo de Occidente había desaparecido y, por tanto, se cuestionó la justificación de la existencia de los ciclópeos organismos que manejaban los servicios de información o al menos gran parte de sus atribuciones y funciones, que se enfocaron en cierta manera fundamentalmente hacia la política intestina de sus respectivos países. En las democracias, la clase política focalizó gran parte de sus críticas hacia la falta de transparencia en las acciones de los organismos de inteligencia. España, como no podía ser de otra manera, no fue ajena a esta tendencia de las democracias occidentales. Además, para mayor escarnio del CESID español, durante la década de los noventa sufrió toda una serie de escándalos, como veremos posteriormente, que produjeron una verdadera crisis en el organismo de inteligencia, y que llevaron al Gobierno socialista en el poder a la necesidad de dar en julio de 1995 una normativa con rango legal al CESID, de la que había carecido desde su creación.

## UN NUEVO SERVICIO DE INTELIGENCIA PARA UN NUEVO MUNDO: EL CNI

Tras el atentado del *World Trade Center* de Nueva York el 11 de septiembre de 2001, como hemos mencionado anteriormente, el mundo convulsionó. Los gobiernos y con ellos sus servicios secretos se percataron del nuevo peligro que acechaba a los países occidentales. El gobierno español, tras conseguir un amplio consenso en el Parlamento, en mayo de 2002 estableció la creación del Centro Nacional de Inteligencia (CNI). La principal diferencia que se establecía desde su origen entre este centro y el CESID, era que, aunque el CNI estaba adscrito al Ministerio de Defensa, dependía del presidente de gobierno y del propio gobierno. Desde el 22 de diciembre de 2011, el CNI queda adscrito al Ministerio de la Presidencia, desvinculándose totalmente de su pertenencia a la Defensa.

Los objetivos del CNI se pueden agrupar en tres bloques:

- Inteligencia exterior, que se ocupa de recabar información y asesorar al gobierno sobre los intereses de España fuera de sus fronteras.
- Contrainteligencia, que vela por la seguridad de los intereses de España frente a las posibles agresiones de grupos o países extranjeros
- Contraterrorismo, que vela por la estabilidad institucional y la seguridad del país frente al terrorismo de cualquier naturaleza.

Por otro lado, siete son las funciones encomendadas al CNI según están estipuladas por la ley:

1. Es la propia de todos los servicios de inteligencia del mundo y consiste en la obtención, evaluación e interpretación de la información y en la difusión de la inteligencia necesaria para proteger los intereses de España, dentro y fuera de su territorio.
2. Está relacionada con las tareas de contrainteligencia y contraterrorismo, constituye las labores de prevención, detección y neutralización de todas las actividades de servicios extranjeros o grupos que amenacen o atenten contra las libertades de los ciudadanos españoles o su bienestar o bien contra la Seguridad del Estado.
3. Promoción de las relaciones de cooperación y colaboración con los servicios de inteligencia extranjeros con el fin de mejorar el cumplimiento de sus obligaciones, único medio para afrontar los peligros de las amenazas globales.

4. Obtención, evaluación e interpretación del tráfico de señales estratégicas, con lo que el CNI integra la tarea de la inteligencia de señales (SIGINT) y la inteligencia de imágenes (IMINT), que son elementos fundamentales para el análisis de la información.

5. Coordinación, mediante el Centro Criptológico Nacional, creado en marzo de 2004, de las acciones de los distintos organismos de la Administración española que utilicen medios o procedimientos de cifrado. También ha de garantizar la seguridad de las tecnologías de la Información.

6. Velar por el exacto cumplimiento de la normativa con respecto a la protección de información clasificada a todos los organismos que hacen uso de ella.

7. Garantizar la seguridad y protección de sus propias instalaciones, información y medios materiales y personales.

Toda esta modernización y transformación de los servicios secretos españoles obedecen, como hemos apuntado, a los nuevos retos del espionaje a nivel mundial, puesto que la comunidad internacional es consciente de que los nuevos peligros a los que se enfrenta, protagonizados por el *yihadismo* global, que eran desconocidos hasta el 11-S de 2001, y que, como ya dijimos, golpearon Madrid el 11 de marzo de 2004, obligan a una mayor colaboración entre los servicios de inteligencia de las distintas naciones.

## FIASCOS Y LOGROS DEL ESPIONAJE ESPAÑOL

A pesar de toda la regulación legal que ha acompañado a los servicios de inteligencia españoles a partir de la democracia, tanto el CNI como su antecesor, el

CESID, no han estado exentos, al igual que los otros servicios secretos del mundo, de escándalos y fiascos así como de grandes logros.

Desde la Transición, los escándalos por las escuchas ilegales se han ido sucediendo a lo largo de los años durante nuestra democracia. Desde las escuchas telefónicas a Su Majestad el Rey, Don Juan Carlos I, cuando era aún príncipe, al parecer, ordenadas por el antiguo jefe de Gobierno, Carlos Arias Navarro, hasta las sufridas ya como jefe del Estado, durante el período en que Emilio Alonso Manglano era el director del CESID. El escándalo saltó a los medios de la mano de dos periodistas del periódico *El Mundo,* Antonio Rubio y Manuel Cerdán, el 12 de junio de 1995. Parafraseando el título de la obra atribuida a Francisco de Rojas Zorrilla, *Del Rey abajo, ninguno* se libró del espionaje del CESID; tanto políticos de toda índole (Adolfo Suárez, José Barrionuevo Peña, Francisco Fernández Ordóñez, Enrique Múgica Herzog, Alfonso Guerra, Gregorio Peces-Barba o el antiguo jefe de la Casa Real, el general Sabino Fernández Campos), como empresarios, tales como José María Ruiz Mateos o el entonces presidente del Real Madrid, Ramón Mendoza. Tampoco los periodistas se salvaron de este espionaje telefónico. Pedro J. Ramírez, Luis María Ansón o Jaime Campmany sufrieron dichas escuchas telefónicas. Tras la denuncia realizada por este último periodista, se sucedió un cúmulo de dimisiones, desde el director del CESID, el mencionado Manglano, hasta el entonces ministro de Defensa, el socialista Julián García Vargas y el vicepresidente del Gobierno, Narcís Serra. A su vez, el jefe de la Agrupación Operativa de Misiones Especiales (AOME), dependiente del CESID, el ex coronel Juan Alberto Perote es detenido en junio de 1995 por haber robado material secreto, entre el que estaban cien folios con datos sobre las operaciones de los

Grupos Antiterroristas de Liberación (GAL), multitud de microfichas con documentación clasificada y 93 cintas con las conversaciones telefónicas grabadas, anteriormente mencionadas.

Uno de los grandes problemas que tienen las agencias de inteligencia son las filtraciones de sus investigaciones secretas que, obviamente, dejan de serlo; pero aún se agranda más el problema cuando las personas investigadas por los agentes tienen un eco muy importante en la sociedad, por ser objetivo de la llamada «prensa del corazón». Así ocurrió, por ejemplo, cuando presuntamente miembros del CESID el 25 de mayo de 1997 asaltaron la casa de María García García, más conocida como Bárbara Rey, y sustrajeron carretes fotográficos sin revelar, cinco cintas de vídeo, tres cintas de casete, una agenda personal y veinte diapositivas, al parecer comprometedoras tanto para ella como para una personalidad muy importante del país. También se vio implicado el CNI en la investigación que se realizó a la entonces presentadora de los informativos de la Televisión Española, Letizia Ortiz Rocasolano, cuando se convirtió ella misma en noticia, al ser presentada como la prometida del príncipe Felipe. El pasado de la futura reina de España fue investigado con el fin de recabar información acerca de cualquier asunto oscuro que hubiera que tapar antes de que lo pudieran airear los medios de comunicación.

Una de las principales misiones tanto de los cuerpos de seguridad del Estado como de los servicios de inteligencia ha sido la lucha contra la banda terrorista ETA, la cual ha supuesto uno de los más graves problemas de España. La actividad de los servicios de inteligencia españoles ha tenido una gran actividad y efectividad en este ámbito de sus funciones. Cierto es que los escándalos políticos por las escuchas a miembros de los partidos vascos, como por ejemplo Xabier

Arzalluz e Iñaki Anasagasti del Partido Nacionalista Vasco (PNV), o el líder de la disuelta Herri Batasuna, Arnaldo Otegi, sin duda, el político más espiado por los servicios de inteligencia, se han sucedido a los largo de los años. Con todo, la labor de dichos servicios secretos ha tenido grandes logros en su lucha contra ETA. Uno de los ejemplos paradigmáticos del éxito de los esfuerzos por conseguir la desarticulación de los comandos etarras y de su cúpula es el agente Mikel Lejarza Eguía, *el Lobo*. Este se ha convertido con el paso del tiempo en uno de los agentes míticos dentro del espionaje español. Su valor para infiltrarse como un topo en el entramado de ETA consiguió dar un duro golpe al grupo terrorista en 1975, cuando acabó con la cúpula de la banda. Su labor también fue de capital importancia en la desarticulación de la banda terrorista e independentista catalana Terra Lliure.

La labor de los servicios de inteligencia españoles, fundamentalmente la del antiguo CESID, también ha sido muy exitosa en misiones de contraespionaje. Los casos más sonados son los de los agentes de la antigua Unión Soviética expulsados que trabajaban encubiertos en España desde que se reanudaron las relaciones entre los dos países en 1977. Entre la nómina de espías soviéticos deportados se encuentran las más diversas coberturas, ya como funcionarios de la embajada soviética, ya como trabajadores de la aerolínea Aeroflot. La labor del CESID en los primeros años estuvo en cierta manera apoyada por la CIA, que le suministraba información acerca de los ciudadanos soviéticos que llegaban a España. Entre estos agentes soviéticos que fueron expulsados de España estaba el primer secretario de la Embajada Rusa, Anatoli Krasilnikov, expulsado el 15 de febrero de 1980, o el agregado cultural de dicha embajada, Yuri Kolesnikov, deportado a su país el 16 de enero de 1985.

En un mundo dominado por la tecnología y la telecomunicación, los sistemas más avanzados en el campo de la obtención de información son cruciales para un servicio de inteligencia. Así lo supo ver el gobierno de José María Aznar, cuando el Ministerio del Interior, cuyo titular era Mariano Rajoy, encargó el 24 de octubre de 2001 el polémico Sistema Integrado de Interceptación Telefónica (SITEL). Su desarrollo total se llevó a cabo en marzo de 2004 bajo el gobierno de José Luis Rodríguez Zapatero. SITEL es un avanzado sistema informático que permite la interceptación de las telecomunicaciones que se produzcan en España. Este sistema lo utilizan conjuntamente la Dirección General de Policía, la Guardia Civil y el CNI. Su objetivo prioritario es la lucha y la interceptación del uso de las tecnologías de la comunicación por parte de los grupos terroristas, de las redes dedicadas al narcotráfico y de otras formas del crimen organizado. La posibilidad de un uso ilegal de las escuchas telefónicas amparadas por el potencial de la tecnología de SITEL, así como de la interceptación de las comunicaciones informáticas vía correo electrónico, por ejemplo, levanta las suspicacias, las dudas y las preocupaciones desde el punto de vista jurídico, ya que la inviolabilidad del secreto de comunicaciones puede verse, sin lugar a dudas, afectada.

Como es lógico, no todo han sido éxitos para los servicios de inteligencia españoles. En la historia de la democracia española, dos grandes acontecimientos han supuesto don grandes manchas en el historial del CESID. El primero de ellos fue la intentona de golpe de Estado el 23 de febrero de 1981. Tal como hemos indicado más arriba, una de las funciones del CESID era la de vigilar e informarse acerca de las posibles intenciones involucionistas del ejército. A todas luces, durante el 23-F el servicio de información español falló; no supo anticiparse a la intentona golpista. Sin embargo, lejos de ser en aquellos momentos esta misión uno de sus objetivos prioritarios, según algunos analistas del golpe de estado del 23-F, varios miembros de la cúspide del Centro de Información fueron elementos colaboracionistas del propio complot antidemocrático. Efectivamente, Javier Calderón, el entonces director del CESID, y José Luis Cortina, jefe de la Agrupación Operativa de Misiones Especiales, realizaron desde la sombra una serie de operaciones que facilitaron la llegada del teniente coronel de la Guardia Civil, Antonio Tejero, al Congreso de los Diputados el 23-F. Esta ayuda se materializó al proveer a los golpistas de la logística necesaria para el golpe a través de los propios materiales del CESID.

Cuando se produce un atentado de la magnitud del 11-S, como vimos en el capítulo anterior, o del 11-M en Madrid, siempre se cree que han fallado los servicios de inteligencia del país que ha sufrido el hachazo del terrorismo. Así ocurrió con la CIA, como referimos anteriormente, en los atentados del 11-S; también se sospecha que el CNI falló el día que Madrid se tiñó de sangre. Entre las 7:36 y las 7:40 de la mañana del 11 de marzo de 2004 se produjeron diez explosiones en cuatro trenes de la red de Cercanías de RENFE en la estación de Atocha de Madrid. El resultado del mayor atentado perpetrado en Europa fue 181 muertos y 1.858 heridos. Al principio nadie sabía qué grupo terrorista era el autor de tan terrible masacre. Tras las investigaciones se demostró que había sido una célula del grupo terrorista Al-Qaeda. El CNI, a través de su Área de Terrorismo Islamista, había estado espiando y controlando previamente los movimientos de algunos de los implicados en el atentado, como es el caso de Jamal Zougham, Amer el Azizi y Allekema Lamari; éste último, que fue uno de los terroristas que se inmoló en un piso de Leganés junto al resto de los *yihadistas,* cuando iban a ser detenidos por la policía, les había informado meses antes del 11-M a sus más allegados de que estaba planeando cometer un atentado en España. El CNI tenía un informe sobre estas declaraciones de Lamari desde el 6 de noviembre de 2003; además, el 6 de marzo de 2004 también tuvo en su poder el servicio de inteligencia español otro informe donde se declaraba que Lamari y otros *yihadistas* habían desaparecido, tras dejar sus trabajos y desprenderse de sus pertenencias. A esto hay que añadir que el propio Bin Laden había declarado el 18 de noviembre de 2003 que España estaba entre los enemigos del islam y así la convertía en un objetivo para los extremistas islámicos. Todo esto hizo que el CNI quedara en evidencia a la hora de prevenir un atentado de estas magnitudes, al no haber dado a las informaciones que estaban en su poder la importancia que tenían. Así pues, el mayor atentado que ha sufrido nuestro país, así como todos los que se han perpetrado (y, desgraciadamente, seguirán ocurriendo) por todo el mundo, deben servir a los servicios de inteligencia para superarse, para aprender de sus errores, para poder evitar en el porvenir el derramamiento de sangre inocente.

# Bibliografía

BASSET, Richard. *El enigma del almirante Canaris: Historia del jefe de los espías e Hitler.* Barcelona: Crítica, 2006.

BAUER, Eddy. Espías: *Historia de la guerra secreta, 8 volúmenes.* San Sebastián: Buru Lan, 1971.

CARNICER, Carlos Javier. *Sebastián de Arbizu, espía de Felipe II: la diplomacia secreta española y la intervención en Francia.* Madrid: Nerea, 1998.

CASSINELLO, Andrés. «Aventuras de los servicios de información durante la Guerra de la Independencia». En: *Revista de Historia Militar,* 2005; vol. XLIX: 59-80.

DELARUE, Jacques. *Historia de la Gestapo.* Madrid: La esfera de los libros, 2010.

DÍAZ FERNÁNDEZ, Antonio Manuel. *Los Servicios de Inteligencia españoles. Desde la Guerra Civil hasta el 11-M. Historia de una transición.* Madrid: Alianza Editorial, 2005.

Dvornik, Francis. *Origins of Intelligence Services: the ancient near East, Persia, Greece, Rome, Bizantium, the Arab Muslim Empires, The Mongol Empire, China, Muscovy.* New Brunswick (NJ): Rutgers University Press, 1974.

Echevarría Bacigalupe, Miguel Ángel. *La diplomacia secreta en Flandes, 1598-1643.* Vizcaya: Servicio Editorial Universidad del País Vasco, 1984.

Étienne, Genoveva. *Histoire de l'espionnage mondial: les services secrets. De Ramses II a nos tours.* París: Editions du Félin, 1997.

Figes, Orlando. *Mata Hari: Espía, víctima, mito.* Barcelona: Edhasa, 2011.

Frattini, Eric. CIA, *Historia de la Compañía.* Madrid: EDAF, 2005.
—, *KGB, Historia del Centro.* Madrid: EDAF, 2005.
—, *Mossad, Historia del Instituto.* Madrid: EDAF, 2006.
—, *MI6, Historia de la Firma.* Madrid: EDAF, 2007
—, *El polonio y otras maneras de matar. Así asesinan los servicios secretos.* Madrid: Espasa Calpe, 2007.

Hersch, Seymour M. *Obediencia debida. Del 11 de septiembre a las torturas de Abu Ghraib.* Madrid: Punto de Lectura, 2005.

Jeffreys-Jones, Rhodri. *Historia de los servicios secretos norteamericanos.* Barcelona: Paidós, 2004.

Juárez Camacho, Juan. *Madrid-Londres-Berlín: espías de Franco al servicio de Hitler.* Madrid: Temas de Hoy, 2005.

MARQUINA BARRIO, Antonio. «El Servicio Secreto Vasco: 1939-1945». En: *Historia 16*, 1976; vol. 97: 11-26.

MARTÍNEZ LAINEZ, Fernando. *Los espías que estremecieron al mundo*. Málaga: Corona Borealis, 2009.

NAVARRO BONILLA, Diego. *Los archivos del espionaje. Información, Razón de Estado y Servicios de Inteligencia en la Monarquía Hispánica*. Salamanca: Caja Duero, 2004.
—, «Los servicios de información durante la Monarquía Hispánica, siglos XVI y XVII». En, *Revista de Historia Militar*, 2005; vol. XLIX: 13-34.
—, *¡Espías! Tres mil años de información y secreto*. Madrid: Plaza y Valdés editores, 2009.

NÚÑEZ DE PRADO Y CLAVELL, Sara. *Servicios de información y propaganda en la guerra civil española, 1936-1939*. Madrid: Universidad Complutense, 1992.

PASTOR PETIT, Domingo. *Diccionario enciclopédico del espionaje*. Madrid: Editorial Complutense, 1996.
—, *Historia del espionaje*. Barcelona: Aymá, 1967.

RUEDA, Fernando. *Las alcantarillas del poder: las 100 operaciones de los servicios secretos españoles que marcan sus últimos 35 años de historia*. Madrid: La esfera de los libros, 2011.

SÁNCHEZ-PACHECO, Felicidad. *Historia del espionaje. Espías, tácticas y técnicas*. Madrid: Libsa, 2009.

SHELDON, Rose Mary. *Renseignement et espionnage dans la Rome Antique*. París: Les Belles Lettres, 2009.
—, *Spies of the Bible: espionage in Israel from the Exodus to the Bar Kokhba Revolt*. Londres: Greenhill Books, 2007.

SINGH, Simon. *Los códigos secretos. El arte y la ciencia de la criptografía, desde el antiguo Egipto a la era internet.* Barcelona: Círculo de Lectores, 2000.

TREMPS, Enrique. *El telegrama Zimmermann: el documento secreto que cambió el curso de la Primera Guerra Mundial.* Barcelona: RBA, 2010.

VV. AA. *Echelon. La red de espionaje planetario.* Santa Cruz de Tenerife: Melusina, 2007.

ZORZO FERRER, Francisco J. «Historia de los servicios de inteligencia: el período predemocrático». En: *Arbor,* 2005; vol. CLXXX, n.º 709: 75-98.